Lieblings Stücke aus Kinder Bildern

Alltagsgegenstände, von Kinderzeichnungen inspiriert

INHALTSVERZEICHNIS

RAN AN DEN STOFF

8	Kuschelmonster
10	Traumland
12	Citystyle
14	Nachtvogel
16	Meermaid
18	Meditationsplatz

UNSER ZUHAUSE WIRD BUNTER!

22	Aufgegessen!
24	Wandtattoo
26	Sitzplatz
28	Hereinspaziert!
30	Meins!
32	Schweinerei

Die Vorlagen zu diesem Buch stehen im **TOPP Download-Center** unter www.topp-kreativ.de/downloadcenter nach erfolgter Registrierung zum Ausdrucken bereit. Den Freischalte-Code finden Sie im Impressum.

SCHMUCKE SACHE

36	Knopfsache
38	Drahtig
40	Anhängsel
42	Tafelsilber
44	Edelsteine
46	Schlüsselwächter
48	Lieblingsstücke

ABENTEUER UNTERGRUND

52	Bärenhunger?
54	Straßenkunst
56	Stempelspaß
58	Müllmonster
60	Highlight!
62	Glamour

DER BESONDERE RAHMEN

66	Rundum
68	Ahnengalerie
70	Kunstmappe
72	Alphabet
74	Schaukasten
76	Uhrwerk
78	Klarsichtvorhang

KLEINE GESCHENKE

82	Klatsche!
84	Monströs!
86	Megamagnete
88	Drucksache
90	Kalorienkunst
92	Kalendarium

SPIEL MIT MIR!

96	Tafelpuzzle
98	Theater
100	Gymnastik!
102	Derwisch
103	Wikingerschach

106	Vorlagen
112	Impressum

VORWORT

*Ich brauchte ein Leben lang,
um so zu malen wie die Kinder.*
PABLO PICASSO

Das Experimentieren mit Farben und Formen gibt Kindern die Möglichkeit, die Welt zu begreifen. Im wahrsten Sinne des Wortes: Beim freien Malen und Zeichen machen Kinder für ihre Entwicklung wichtige sinnliche Erfahrungen. Aber auch mit diesem Hintergrundwissen wird es mir manchmal einfach zu bunt: Meine Töchter produzieren Kunst am laufenden Band. Spätestens wenn in unserem Familienkreis ein Geburtstag ansteht, ziehen sie sich ins Kinderzimmer zurück und kommen mit vielen Meisterwerken wieder heraus. Überall stapeln sich Gemälde, Zeichnungen und Skulpturen aus Klopapierrollen und Joghurtbechern. Es würden sich inzwischen wolkenkratzerähnliche Türme bilden, wenn, ja wenn ich nicht hin und wieder etwas davon abtragen würde. Ein Teil dieser Objekte – ich gebe es zu – wandert in die Tonne. Wertschätzung erfahren die kleinen und großen Kunstwerke weder dort noch in einer Mappe im Schrank. Daher habe ich mich daran gemacht, dieses Buch mit Anregungen zu füllen, wie man mit Kinderkunst im Alltag umgehen und aus ihr herrliche Andenken gestalten kann.

SIEBEN GOLDENE REGELN FÜR DEN UMGANG MIT KINDERKUNST

1 Aufbewahren

Werfen Sie (erstmal) nichts weg! Das Aufheben vermittelt den Kindern, dass Mama und Papa sich für ihre Arbeiten interessieren und ihre Bilder wertschätzen. Nichts wäre demotivierender für die jungen Künstler, als vor den Augen des Kindes einfach etwas zu entsorgen.

2 Beschriften

Beschriften Sie alle Zeichnungen auf der Rückseite mit Datum, Namen, Titel und dem genauen Alter des Kindes. Das gilt auch für Werke, die verschenkt werden.

3 Priorisieren

Bilden Sie drei Stapel, um die Kunstberge zu sichten. Einen für die große Kunst, einen für Geschenke und einen Stapel, der entsorgt werden soll. Nehmen Sie sich Zeit und achten Sie darauf, welche Bilder Ihrem Kind wirklich am Herzen liegen.

4 Präsentieren

Die auserwählten Schätze, Skulpturen, Bilder und Motivserien müssen den richtigen Rahmen bekommen. Suchen Sie zusammen einen geeigneten Platz dafür aus und vereinbaren Sie einen bestimmten Zeitraum für die Ausstellung. Danach werden die Exponate ausgetauscht.

5 Aussortieren

Machen Sie mit Ihrem Kind einen regelmäßigen Wechselausstellungs-Rhythmus ab (einmal im Monat wird ausgetauscht und aussortiert) und halten Sie sich auch selbst daran. Archivieren Sie nur die wichtigsten Werke.

6 Zelebrieren

Krikelkrakel wird Kunst, wenn der Rahmen überzeugt. Also Bilder gerahmt verschenken, den schönsten Bildausschnitt gemeinsam auswählen und als Grußkarte verschicken, das Kind mit seinem Bild fotografieren und das Foto als Geburtstagsglückwunsch an die Großeltern mailen, die vom Kind bemalte Tasse täglich benutzen und die Blechdosen-Skulptur im Büro auf einen Ehrenplatz stellen.

7 Definieren

Auf ruhigem Hintergrund wirkt das Wenige besser, also wahren Sie Raum für sich. Das Kindergemälde kann neben einem echten Renoir hängen, wenn Sie das wünschen. Definieren Sie aber bewusst auch „erwachsene", (kinder)kunstfreie Zonen im Haus, damit sich in Ihrem Zuhause alle Bewohner ästhetisch wiederfinden.

RAN AN DEN STOFF!

„Oh ein süßes Kaninchen" möchte ich meine 5-jährige Tochter loben. „Mama, das ist kein Hase, das ist ein Schlappohren-Wackelhund" verbessert sie mich. Oh je! Kinderzeichnungen sind randvoll mit Phantasie und weit entfernt von unserem bekannten Formenkanon. Jede ist einzigartig, wenn auch manchmal nicht auf den ersten Blick zu erkennen. Oft sind es gerade diese skurrilen Figuren, die unseren Kindern ans Herz wachsen und mit denen sie sich in ihren Spielwelten verbunden fühlen. Also ran an die Nähmaschine – diese kleinen Spielgenossen werden jetzt anfassbar!

KUSCHELMONSTER

Plüschtier deluxe

MATERIAL

- Kopie einer Kinderzeichnung
- Baumwoll- oder Samtstoffe (Farben entsprechend der Kinderzeichnung)
- Faserbällchen zum Füllen von Kissen, 300 g
- 2 Bügelaugen, ø 3,5 cm
- Nähmaschine
- Schneiderschere
- Schneiderkreide
- Nähnadel und Nähgarn

SICHERHEITS-HINWEIS

Kuscheltiere sind zum Spielen gedacht. Umso wichtiger ist es, bei der Gestaltung darauf zu achten, dass sie die Spiel-Kinder nicht in Gefahr bringen. Achten Sie auf verschluckbare Kleinteile, wie Knöpfe und Perlen. Auch von langen Bändern und Kordeln sollte Abstand genommen werden. Hier besteht Strangulierungsgefahr! Alle Details müssen fest angenäht sein.

1 Kopieren Sie die Zeichnung des Kuscheltiers in Wunschgröße und schneiden Sie diese aus.

2 Legen Sie die ausgeschnittene Zeichnung auf die Stoffrückseite und zeichnen Sie mit der Schneiderkreide die Kontur auf. Für die Rückseite drehen Sie die Zeichnung um: Legen Sie nun die Zeichnung spiegelverkehrt auf ein weiteres Stoffstück und zeichnen Sie diese nach. Schneiden Sie die Figuren mit einer Nahtzugabe von 0,6 cm aus.

3 Dekorieren Sie die Vorder- und Rückseite entsprechend der Kinderzeichnung mit Stoffen in anderen Farben, Knöpfen oder Bändern. Wenn Sie dem Gesicht eine Schnauze hinzufügen möchten, schneiden Sie einen kleinen Stoffkreis aus. Sticken Sie mit Garn Mund, Nase und Schnurrhaare oder Zähne auf. Nähen Sie den Kreis an, lassen dabei aber eine kleine Füllöffnung unvernäht. Stopfen Sie die Schnauze mit den Faserbällchen aus.

4 Bügeln Sie die Augen nach Herstellerangaben auf.

5 Legen Sie die beiden Stoffteile mit den rechten Seiten aufeinander. Nähen Sie mit der Maschine entlang der aufgezeichneten Linie die beiden Teile zusammen. Lassen Sie eine etwa 7 cm große Öffnung übrig. Wenden.

6 Füllen Sie das Kuscheltier mit den Faserbällchen und nähen das Tier von Hand zu. Fügen Sie weitere Details hinzu wie Ohren, einen Schwanz oder Kleidung.

ZIEMLICH DICKSTE FREUNDE: ENDLICH EIN OTTOBÄR. WER HÄTTE SICH DAS ALS KIND NICHT AUCH GEWÜNSCHT? EINZIGARTIGE, GANZ INDIVIDUELLE PLÜSCHTIERE AUF BASIS DER EIGENEN ZEICHNUNG. DAS LÄSST KINDERHERZEN SCHNELLER SCHLAGEN!

TRAUMLAND

Bettwäsche selbst bedrucken

MATERIAL

- Kinderzeichnung(en)
- helle Bettwäsche ohne Motiv, gewaschen und gebügelt, 135 cm × 200 cm
- Transferfolie für helle Stoffe, A4
- ein Computer mit Bildbearbeitungsprogramm
- Scanner
- Tintenstrahldrucker
- Schere
- Bügeleisen
- Klebeschablone „Sprechblase"
- Tafelfarbe für helle Textilien in Schwarz
- Pinsel (alternativ Stupfpinsel)

TIPP

Natürlich lassen sich auch Kuschelkissen für Großväter, Väter, Söhne, Brüder und Onkel anfertigen. Wie wäre es da mit einem Ritter-, Räuber- oder Tiefsee-Motiv?

1 Scannen Sie die Motive ein, ziehen Sie sie mit dem Computer auf Wunschgröße und spiegeln Sie sie. Das Bild wird auf die Rückseite der Transferfolie gedruckt.

2 Vor dem Ausdruck sollten Sie darauf achten, ob der Hersteller der Folie bestimmte Druckereinstellungen empfiehlt (z.B. Fotopapier, Glossy, etc.), damit die Tintenmenge und die Auflösung für den Ausdruck entsprechend angepasst wird.

3 Schneiden Sie den Druck mit einem Abstand von 0,3 cm zum Motiv aus.

4 Das Bügeleisen einige Minuten auf der höchsten Temperatur vorheizen lassen. Den Bettbezug und das Kissen mehrmals bügeln (ohne Dampf!), damit vorab etwaige Feuchtigkeit aus dem Material entfernt wird. Das Transferpapier mit der bedruckten Seite auf den Bezug legen. Mit Druck und kreisenden Bewegungen vollflächig überbügeln und auskühlen lassen. Nun vorsichtig die Folie abziehen.

5 Entfernen Sie den Schutzfilm von der Klebeschablone und positionieren Sie sie auf dem Bettbezug, gut andrücken. Mit dem Pinsel und der Tafelfarbe ausmalen. Kurz antrocknen lassen, die Schablone entfernen und reinigen.

6 Wenn die Tafelfläche nach etwa 2–3 Stunden gut getrocknet ist, bügeln Sie die Sprechblase von der Rückseite fünf Minuten lang, um die Farbe zu fixieren. Nun ist die Fläche beschreib- und bei 40° C waschbar.

CITYSTYLE

Jeansapplikationen

MATERIAL

- Lieblings-Jeans
- T-Shirt Marker in Schwarz, Blau, Gelb, Grün und Rot
- Textilfarbe in Kirschrot, Dunkelgrün und Pistazie
- Metallic-Liner in Glitter
- Pinsel
- Bügelflicken
- Stoffreste
- Nähmaschine und Nähgarn
- UHU textil
- Bügeleisen
- Baumwolltuch
- Malunterlage

1 Schneiden Sie verschieden große Stücke aus den Stoffresten und den Bügelflicken. Lassen Sie Ihr Kind darauf mit dem schwarzen Marker die Motive vorzeichnen.

2 Nun die Motive gemeinsam mit Stoffstiften gestalten. Die fertigen Motive zwei Stunden trocknen lassen und abschließend Details mit dem Metalliclinern auftragen. Alles über Nacht trocknen lassen.

3 Die Motive ausschneiden und mit der Nähmaschine in einer auffallenden Farbe umranden.

4 Die fertigen Sticker auf der Jeans positionieren. Die Sticker, die auf Stoffresten gemalt wurden, mit Stoffkleber auf die Jeans kleben und trocknen lassen. Die Bügelflicken können (ohne Dampf!) aufgebügelt werden. Dazu ein Tuch über den Flicken legen und fünf Minuten kreisend bügeln.

NACHTVOGEL

T-Shirt mit Eule

MATERIAL

- Kinderzeichnung
- T-Shirt in Wunschgröße, gewaschen und gebügelt
- Transparentpapier, A4 (alternativ Kohlepapier)
- Zeichenkarton, A4
- Textil Colorspray in Gold
- weicher Bleistift, B5
- Cutter
- Unterlage
- Schere

TIPP

Komplexe Schablonen am besten nicht nur auflegen, sondern mit Sprühkleber benetzen und sanft auf den Stoff aufdrücken. Mit dieser Technik sind auch mehrfarbigen Bilder möglich. Einfach für die verschiedenen Farben Schablonen anfertigen und nacheinander abdecken.

1 Legen Sie das Transparentpapier auf die Kinderzeichnung und zeichnen Sie die Umrisse mit dem Bleistift nach. Für dieses Projekt eignen sich vor allem Motive mit einfachen, klaren Konturen.

2 Nun legen Sie das Transparentpapier mit der Bleistiftseite auf den Zeichenkarton und zeichnen die Outline nach, sodass sich der Graphit von der Unterseite auf den Zeichenkarton überträgt.

3 Die zu übertragende Vorlage aus dem Karton mit der Schere, die Innenformen mit dem Cutter herausschneiden. Alles, was nun heraus geschnitten ist, wird später mit Farbe sichtbar sein.

4 Das Shirt sollte gewaschen und gebügelt sein. Neue Kleidung ist mit einer schützenden Appretur versehen, die Farbe abperlen lässt. Sie sollten zwischen die Stofflagen einen festen Karton legen, um ein Durchdrücken zu verhindern. Arbeiten Sie draußen und auf einer glatten, abwischbaren Unterlage, wie einer Wachstischdecke. Die Schablone auf dem Shirt platzieren und eventuell mit einer Hand fixieren. Die Spraydose zwei Minuten lang kräftig schütteln und die Textilfarbe aus einer Entfernung von 25 cm gleichmäßig aufsprühen. Das T-Shirt sollte 24 Stunden durchtrocknen.

EINMAL MODEDESIGNER SEIN UND SEINE EIGENEN KREATIONEN IN DIE WELT TRAGEN – SUPER! MIT SO EINEM STENCIL LÄSST SICH AUCH FÜR EINE GANZE BANDE EIN CLUB-SHIRT GESTALTEN.

MEERMAID

Monoflossen-Schwimmanzug

MATERIAL

- Badeanzugsstoff (Lycrajersey) in Blau-Grün-Gelb mit Glitzerpunkten, 200 cm × 150 cm
- Interlockjersey in Weiß, 15 cm × 10 cm
- Gummiband (Framilon) in Transparent, 0,6 cm × 60 cm
- Plexiglas in Transparent, 2 mm stark, 60 cm × 65 cm
- Plastik-Platte in Weiß, 4 mm stark, 50 cm × 32 cm
- Badeschuhe in passender Kindergröße
- Schleifpapier, 80er-Körnung
- 19 Edelstahlschrauben, Kreuzschlitz, flache Köpfe, 7 mm lang
- Nähmaschine und Jerseynadel
- Bügeleisen
- Schneiderschere
- Stichsäge
- Bohrmaschine

SCHNITTMUSTER SEITE 110

Hinweis:

Wichtig ist, dass Sie einen Stretchstich einstellen und die Jerseynadel verwenden, damit sich die Nähte später mit dem Stoff dehnen können. Die Nahtzugabe beträgt 0,6 cm.

Bikinihose

1 Schneiden Sie nun Vorder- und Hinterteil des Höschens aus Bikinistoff, sowie den Zwickel aus Interlockjersey zu. Geben Sie bei den Beinausschnitten minimal so viel Nahtzugabe dazu, wie Ihr Gummiband breit ist.

2 Nun beide Hosenteile rechts auf rechts aufeinander legen, den Zwickel auf die linke Rückseite legen und die drei Teile im Schritt zusammennähen. Legen Sie die Hose offen auf links vor sich, klappen Sie den Zwickel auf die Vorderseite, stecken Sie den Zwickel mit zwei Stecknadeln fest.

3 Das Gummiband für die Beinausschnitte und den Bund am Schnitt ausmessen und etwa 1,5 cm abziehen. Nehmen Sie das Gummiband und nähen es leicht gedehnt mit einem Elastikstich auf die Nahtzugabe des Beinausschnittes und den Bund. Falten Sie die Hose rechts auf rechts zusammen und nähen die Seitenteile zu.

4 Schlagen Sie die Nahtzugabe mit aufgenähtem Gummi nach innen ein. Mit einem Elastikstich festnähen. Beim vorderen offenen Zwickelteil können Sie die Gummienden im Zwickel verschwinden lassen.

Bikinioberteil

1 Schneiden Sie aus dem Bikinistoff das Bikinioberteil, die Verschlussbänder (3 cm × 73 cm) sowie die Verstärkung (8 cm × 1,5 cm) aus. Schlagen Sie die Nahtzugabe des Oberteils ein. Mit Elastikstichen festnähen.

2 Mit dem Stoff für die Verstärkung den Ausschnitt des Bikinis verstürzen und vernähen.

3 Den Stoff für die Bändchen in der Mitte falten und bügeln. Nehmen Sie die Faltung zurück und schlagen den Stoff von beiden

*GLÜCKSTRÄNEN BEIM AUSPACKEN * FOTOSHOOTING IM FREIBAD * MAMA EINE HELDIN!*

Seiten zur Mitte hin. Das gefaltete Bändchen zum Fixieren bügeln und mit einem Zickzackstich der Länge nach zunähen. Die Bänder an beiden Seiten gleichmäßig an den Bikini annähen. Die Enden der Bänder umschlagen und festnähen.

Flosse

1 Schneiden Sie zweimal den Flossenbereich aus Bikinistoff zu und versäubern die Öffnung der Flossenunterteile. Hier wird später die Plastikflosse eingesetzt. Die Nahtzugabe der Öffnung einschlagen und feststeppen.

2 Nun die zwei Teile rechts auf rechts legen, die Seiten und die Flosse bis auf die Öffnung zunähen. Den Saum am Bund 3 cm einschlagen, sodass der Bund oberhalb der Hüfte endet und mit Elastikstichen befestigen.

3 Übertragen Sie die Form der Schwanzflosse (Fluke) auf das Plexiglas und sägen es sorgfältig zu. Die Verstärkung für die Flosse auf das Plastik übertragen und aussägen. Die Kanten mithilfe von etwas Schleifpapier glätten.

4 Die Verstärkung auf die Flosse legen und mit der Bohrmaschine neun Löcher innerhalb der kleinen Platte durch die beiden Platten bohren. Mit den Schrauben aneinander befestigen. Nun zehn weitere Löcher für die Schuhe bohren. Hier die Badeschuhe platzieren, die Löcher markieren und dann von innen mit der Flosse verschrauben.

- 17 -

EINE AUSZEIT VON ALL DEM TRUBEL? DIESES KISSEN LÄDT EIN ZUR MEDITATION – ODER ZUR KISSENSCHLACHT!

MEDITATIONSPLATZ

Yoga-Kissen für ruhige Minuten

MATERIAL

- Kinderzeichnung
- Canvasstoff in Brombeere, 100 cm × 150 cm
- Reißverschluss in Brombeere, 22 cm lang
- Dinkelspelz, 2 kg
- Filzwollreste in Gelb, Braun, Orange, Rot, Weiß, Blau, Lila und Hellgrün
- Nähmaschine und Nähgarn
- Stecknadeln
- Schere
- Metermaß
- Schneiderkreide
- Bügeleisen
- Filznadel und Unterlage
- UHU textil

SCHNITTMUSTER SEITE 104

1 Bügeln Sie den Stoff.

2 Schneiden Sie den Stoff zu. Der Tragegriff hat die Maße 6 cm × 13 cm, das Seitenteil wird 110 cm × 13 cm groß. Die Sitzfläche hat einen Durchmesser von 35 cm. Legen Sie hierfür also den Stoff doppelt, platzieren einen runden Gegenstand mit Durchmesser 37 cm darauf und zeichnen mit Schneiderkreide darum. Die Nahtzugabe von 2 cm ist in den Maßen bereits enthalten. Damit der Stoff an der Nahtzugabe nicht ausfranst, sollte sie vorab versäubert werden.

3 Das Stoffstück für den Tragegriff doppelt legen, rechts auf rechts, und an der langen Seite entlang nähen. Jetzt umstülpen und so falten und bügeln, dass die Naht hinten in der Mitte sitzt.

4 Den Reißverschluss an einen der Stoffkreise annähen. Dazu beides rechts auf rechts legen und mit Stecknadeln feststecken. An der Reißverschlusskante entlang nähen. Dann den Reißverschluss rechts auf rechts an das Seitenteil nähen. Ermitteln Sie jeweils die Mitte und stecken beides dort mit Stecknadeln aneinander. Anschließend den Rest feststecken.

5 Seitenteil und Kreis feststecken und dann zusammennähen. Dabei eine Öffnung für den Griff stehen lassen. Den Griff einsetzen und festnähen.

6 Nähen Sie das Seitenteil hinter dem Griff zu. Den Reißverschluss ein Stück öffnen, damit Sie später das Ganze auf rechts drehen können. Den zweiten Kreis mit dem Seitenteil rechts auf rechts feststecken und annähen.

7 Applikation: Die Zeichnung neben die Filzunterlage legen und aus Wolle nachformen. Stechen Sie gleichmäßig mit der Nadel in die Wolle, bis die Form fest wird. Filzgebilde vorsichtig lösen und umdrehen und auch die Rückseite mit Nadelstichen verfilzen. Textilkleber auf die Rückseite der Form geben und diese auf das Kissen setzen. Fixieren Sie die Applikation zusätzlich von der Innenseite des Kissens mit ein paar Nadelstichen.

8 Das Kissen mit Dinkelspelz füllen.

UNSER ZUHAUSE WIRD BUNTER!

Wahre Hingucker für Groß und Klein! Es gibt so viele Alltagsgegenstände, die nur darauf warten, verschönert oder umgestaltet zu werden. Durchsuchen Sie doch zusammen mal den Dachboden oder den Keller. Mit Kinderbildern und verschiedenen Basteltechniken lassen sich die schönen Fundstücke wieder aufmöbeln. Damit bekommt jeder Raum einen süßen Farbtupfer. Damit es nicht zu wild wird, hilft es, öfter mal in nur einer Farbe oder zu einem Motto zu dekorieren.

AUFGEGESSEN!

Porzellan bemalen

MATERIAL

- Eierbecher und Teller
- Porzellan- & Glasmarker in Braun, Rot, Blau, Grün, Orange und Pink
- Backofen

1 Suchen Sie sich einen schönen Teller aus, gern auch mit farbigem Rand. Spülen Sie das Geschirr gründlich, sodass der Untergrund staub- und fettfrei ist.

2 Ihr Kind kann nun den zu Beschenkenden (ggf. mit Bleistift) direkt auf dem Teller porträtieren. Sollte dabei etwas schiefgehen, kann man die Zeichnung vor dem Brennen noch einmal mit Wasser entfernen und neu gestalten.

3 Die Stifte gut schütteln und wie mit einem Filzstift auf die Keramik aufbringen. Zwischen jeder Farbe eine kleine Pause einlegen, so kann die Farbe etwas antrocknen und verschmiert nicht.

4 Geschirr vier Stunden lang trocknen. Fixieren Sie nun die Malerei nach Herstellerangabe (oft wird das Porzellan in den kalten Ofen gestellt, dieser für 30 Minuten auf 160° C erwärmt und dann das Geschirr darin bis zum völligen Erkalten stehen gelassen.)

TIPP

Wie wäre es mit einem bemalten Zahnputzbecher oder einem Windlicht? Wenn Sie eine Tasse bemalen möchten, lassen Sie dabei einen Trinkrand und das Innere des Gefäßes frei.

WER HAT VON MEINEM TELLERCHEN GEGESSEN? ALS TAUF-GESCHENK ODER GUTEN-MORGEN-BOTSCHAFT SIND DIESE KUNSTWERKE PERFEKT. EIN ERINNERUNGSSTÜCK, DAS BLEIBT UND GUTE LAUNE VERSPRÜHT!

KLEINE BILDER RIESENGROSS! KINDERLEICHT WERDEN MIT GROSSEN WANDTATTOOS AUS FREIEN FLÄCHEN WIE TÜREN ODER WÄNDEN SPEKTAKULÄRE ANBLICKE. DIE HAUCHDÜNNE PVC-FOLIE IST IN VIELEN FARBEN WÄHLBAR UND LÄSST SICH LEICHT AUF WÄNDEN, MÖBELN, GLASFLÄCHEN, SPIEGELN UND TÜREN ANBRINGEN.

WANDTATTOO

Kinderkunst XXL

MATERIAL

- Kinderzeichnung
- Vinylfolie in Weiß oder Rot, selbstklebend (alternativ Adhäsionsfolie)
- Karton in Motivgröße
- Cutter (alternativ Schere)
- Permanentmarker in Schwarz
- weiches Tuch

1 Was ist der geeignete Untergrund für das neue Kunstwerk? Er sollte frei von Staub, Fett, Silikon, Latex und Acryl sein. Je glatter die Fläche, desto besser lässt sich das Wandtattoo aufkleben. Sie haften ganz ausgezeichnet auf Tapeten. Wenn Sie die Wände vorher noch farbig gestalten möchten, unbedingt zehn Tage mit dem Anbringen des Tattoos warten.

2 Wählen Sie die lustigste Strichzeichnung aus.

3 Die gewünschte Zeichnung auf den Karton übertragen. Schneiden Sie das Wunschmotiv mit einem Cutter oder der Schere aus der Pappe aus. Arbeiten Sie mit dem Cutter unbedingt auf einer Schneidunterlage.

4 Anschließend legen Sie die Schablone auf die Vinylfolie und zeichnen die Kontur mit einem wischfesten Stift nach. Schneiden Sie das Motiv mit dem Cutter aus.

5 Entfernen Sie die Trägerfolie. Kleben Sie nun die Vinylfolie auf die vorgesehene Fläche. Tupfen Sie mit einem weichen Tuch über das Material und drücken es so fest.

TIPP

Filigrane Motive können Sie einfach scannen und über einen Onlineanbieter auf Folie gedruckt bestellen. Oft ist es günstiger, zwei Bilder auf eine Folie zu drucken und leere Flächen mit kleinen Motiven wie Sternen oder Schmetterlingen zu füllen. Diese können später beispielsweise einen Spiegel verschönern.

SITZPLATZ

Holz-Hocker auf Rollen

MATERIAL

- Kinderzeichnung als Laserausdruck
- Baumstamm-Stück, 40 cm, 50 cm lang
- 4 Möbelrollen
- 16 Holzschrauben, 25 mm lang
- Hammer
- Stecheisen
- Handschleifgerät und Schleifblätter mit unterschiedlicher Körnung
- Akkuschrauber
- Malerkrepp
- Acrylfarbe in Weiß
- Pinsel, 4 cm breit
- Foto Transfer Potch
- Falzbein
- Olivenöl

1 Lassen Sie den Baumstamm direkt beim Förster zusägen.

2 Entfernen Sie mit Hilfe von Stechbeil und Hammer die Rinde des Baumstamms. Schleifen Sie den Holzblock mit dem Handschleifgerät ab, bis er sich weich und geschmeidig anfühlt.

3 Kleben Sie einen Streifen von etwa 4 cm im oberen Bereich des Stammes ab und streichen Sie den Rest mit der weißen Acrylfarbe. Lassen Sie die Farbe 24 Stunden durchtrocknen und streichen Sie den Stamm dann erneut.

4 Nun befestigen Sie die Möbelrollen gleichmäßig verteilt auf der Unterseite Ihres Baumstamms.

5 Drucken Sie mit einem Laserdrucker das Kindermotiv (möglichst spiegelverkehrt) aus und bestreichen es mit dem Foto Transfer Potch. Den Ausdruck nun sofort auf die Oberseite des Hockers legen, mit dem Falzbein andrücken und glattstreichen. Nun sollte das Papier 24 Stunden durchtrocknen.

6 Das Papier mit Wasser beträufeln und vorsichtig durch kreisende Bewegungen entfernen, sodass nur noch die Druckfarbe auf dem Holz bestehen bleibt. Anschließend das Holz mit etwas Olivenöl einreiben. Nehmen Sie Platz!

HEREINSPAZIERT!
Stimmungs-Türschild

MATERIAL

- Sperrholzplatte, 3 mm stark, 50 cm × 30 cm
- Acrylfarbe in Weiß, Blau, Rot, Grün, Schwarz und Gelb
- Pinsel und Wasser
- Laubsäge
- Schleifpapier, 120er-Körnung
- Bleistift
- Klarlack
- Bohrmaschine
- Aludraht in Silber, ø 2 mm, 20 cm lang
- 9 Holzperlen in Rosa, Lila, Grün, Hellgrün oder gemischt, ø 0,8 cm
- Unterlage
- Malerkittel
- Kneifzange

1 Lassen Sie die Sperrholzplatte direkt im Baumarkt zusägen.

2 Malerkittel anziehen und den Boden mit Zeitungspapier oder einer Wachstischdecke auslegen.

3 Die Kontur der Figur zeichnen Sie mit einem Bleistift vor. Dann kann der Jungkünstler die Figur mit der Acrylfarbe bunt ausmalen. Der Mund wird nicht gemalt! Trocknen lassen.

4 Sägen Sie die entstandene Figur mit der Laubsäge vorsichtig aus. Die Ränder mit dem Schleifpapier abrunden.

5 Damit das Motiv lange erhalten bleibt und unter Umständen auch draußen hängen kann, sollten Sie Klarlack auf der Oberfläche aufbringen. Das geht am besten mit einem breiten Pinsel. Über Nacht trocknen lassen.

6 Bohren Sie nun mit der Bohrmaschine zwei Löcher für den Mund und eines oben am Kopf (Aufhängung) in die Platte.

7 Das eine Ende des 20 cm langes Drahtes stecken Sie von vorn durch das linke Bohrloch und drehen auf der Rückseite einen Knoten in den Draht. Nun fädeln Sie die Holzperlen auf den Mund, bis er lächelt. Das andere Ende führen Sie durch das rechte Loch und verknoten es ebenfalls auf der Rückseite. Klipp-Klapp-Effekt testen: Der Mund sollte sich auch in eine grimmige Position drücken lassen.

GEFAHRENZONE? MANCHMAL IST BEI UNS IM HAUS DIE STIMMUNG ETWAS GRIESGRÄMIG. BESONDERS WENN ES UMS HAUSAUFGABEN MACHEN ODER ZIMMERAUFRÄUMEN GEHT. DAMIT JEDER BESUCHER VORGEWARNT IST, HABE ICH MIT MEINER TOCHTER EIN GANZ BESONDERES TÜRSCHILD GESTALTET. MUND HOCH HEISST: BITTE EINTRETEN! MUND RUNTER HEISST: BLEIB LIEBER DRAUSSEN!

MEINS!

Gläser gravieren

MATERIAL

- Kinderzeichnung
- Trinkglas
- Scanner und Drucker
- Gravurstift
- Schutzbrille
- Klebefilm

1 Scannen Sie das Motiv ein und verkleinern Sie es auf die passende Größe Ihres Glases. Drucken Sie die Zeichnung aus.

2 Schneiden Sie das Motiv grob aus und kleben es von innen mit einem Klebestreifen gegen das Glas.

3 Um eventuellen Glasstaub nicht in die Augen zu bekommen, sollten Sie beim Arbeiten eine Schutzbrille tragen.

4 Zeichnen Sie langsam die Konturen der Kinderzeichnung mit dem Gravurstift nach.

5 Nach dem Gravieren die Gläser gründlich spülen.

TIPP

Schön ist es, Gläser in einer Serie zu gestalten, wie hier zum Thema „Tauchen", und durchgefärbtes Glas zu benutzen.

MAMA, WIE HAST DU DAS GEMACHT? GLÄSER ZU GRAVIEREN, IST KEIN HEXENWERK: WIE WÄRE ES MIT DER BLUMENVASE ZUM GEBURTSTAG FÜR OMA ODER EINEM SÜSSEN KATZENNAPF?

SUPER PRAKTISCH: SCHWEINESCHNAUZE, TURM UND BLUMENRANKEN SIND ABWASCHBAR.

SCHWEINEREI

Steckdosensticker

MATERIAL

- Kinderzeichnung
- selbstklebende Vinylfolie für Inkjet-Drucker, A4
- Scanner und Inkjet-Drucker
- Schere
- Lineal und Bleistift

1 Messen Sie den Steckdosenrahmen aus, üblich ist ein Maß von 8 cm × 8 cm.

2 Scannen Sie die Kinderzeichnung ein und vergrößern Sie das Motiv so, dass später das Loch für die Steckdose Platz findet. Drucken Sie das Motiv entsprechend der Herstellerangaben auf der Vinylfolie aus. Lassen Sie das Motiv trocknen.

3 Nun schneiden Sie das Motiv sowie das Loch für die Steckdose aus.

4 Lösen Sie die Trägerfolie und bringen Sie den Sticker an der Wand an. Mit einem weichen Tuch das Motiv vorsichtig feststreichen.

TIPP

Vinylfolie lässt sich auch super auf Fliesen anbringen. Wie wäre es mit einem Seeungeheuer im Bad?

SCHMUCKE SACHE

Kinderzeichnungen werden zu avantgardistischem Schmuck für Erwachsene ... Schmuck kann nicht nur aus Perlen, sondern aus vielen anderen Materialien hergestellt werden; selbst Kronkorken und Astscheiben lassen sich verwenden. Selbstgemachte Broschen, Knöpfe, Halsketten und Ringe sind ganz besondere Erinnerungsstücke, die man zur Taufe, einem Geburtstag oder zur Einschulung verschenken kann. Nicht nur kleine Prinzessinnen sondern auch Mini-Schatzsucher freuen sich über diesen Schmuck. Jedes Teil ist anders und individuell!

KNOPFSACHE

Bestickte Knöpfe

MATERIAL

- Kinderzeichnung
- Stoffrest in Lila
- alte Knöpfe oder Münzen, ø 2,5 cm
- Nähgarn in Lindgrün und Violett
- Nadel
- Schere

1 Schneiden Sie einen Stoffkreis aus, der 3 cm größer ist als Ihr Knopf.

2 Nehmen Sie den Faden doppelt und sticken Sie das Motiv auf den Stoffkreis. Stechen Sie zuerst von hinten nach vorn ein und vernähen Sie abschließend den Faden auch auf der Rückseite.

3 Umnähen Sie den Kreis mit großen Stichen. Den Knopf mittig auf den Stoffkreis legen und den Faden festziehen, sodass sich der Stoffkreis wie ein Säckchen um den Knopf schließt.

4 Nähen Sie die Stofffalten sorgfältig eng an den Knopf. Wenn der Knopf faltenfrei eingeschlossen ist, vernähen Sie den Faden.

5 Angenäht werden die Knöpfe dann einfach, indem man das dickere Stoffbündel auf der Rückseite des Knopfes an das gewünschte Kleidungsstück näht.

TIPP

Wenn Sie keine Zeit oder Lust zum Sticken haben, können Sie auch mit Textilstiften die Motive aufzeichnen. Mit Plusterfarbe erhalten Sie einen tollen Relief-Effekt mit einer samtigen Oberfläche.

DRAHTIG
Statement-Brosche

MATERIAL

- Kinderzeichnung
- Aludraht in Silber, ø 2 mm, 20 cm lang
- Seitenschneider
- feine Feile
- Rundzange
- je eine Holzperle in Hellgrün und Hellblau, ø 0,4 cm
- Sicherheitsnadel, 1,5 cm lang
- Nadel
- Faden in Hellgrau

1 Schneiden Sie ein etwa 20 cm Drahtstück ab. Feilen Sie ein Ende des Drahtes mit der Feile glatt, damit Sie sich später nicht daran verletzen.

2 Nun eine Perle etwa 8 mm tief auf das Ende stecken und den Draht um die Perle wickeln. Nehmen Sie die Rundzange zur Hilfe.

3 Jetzt die Form der Vorlage nachbiegen. Sie können auch hierbei die Rundzange benutzen. Kurven und Schwünge erhöhen die Stabilität Ihrer Brosche.

4 Wenn Sie das Bild nachgeformt haben, stecken Sie das Ende des Drahtes fest und verzwirbeln es mit der Form. Den überstehenden Draht entfernen Sie mit dem Seitenschneider, das Ende ebenfalls mit der Feile bearbeiten.

5 Zum Schluss mit Nadel und Faden die Sicherheitsnadel an der Brosche befestigen.

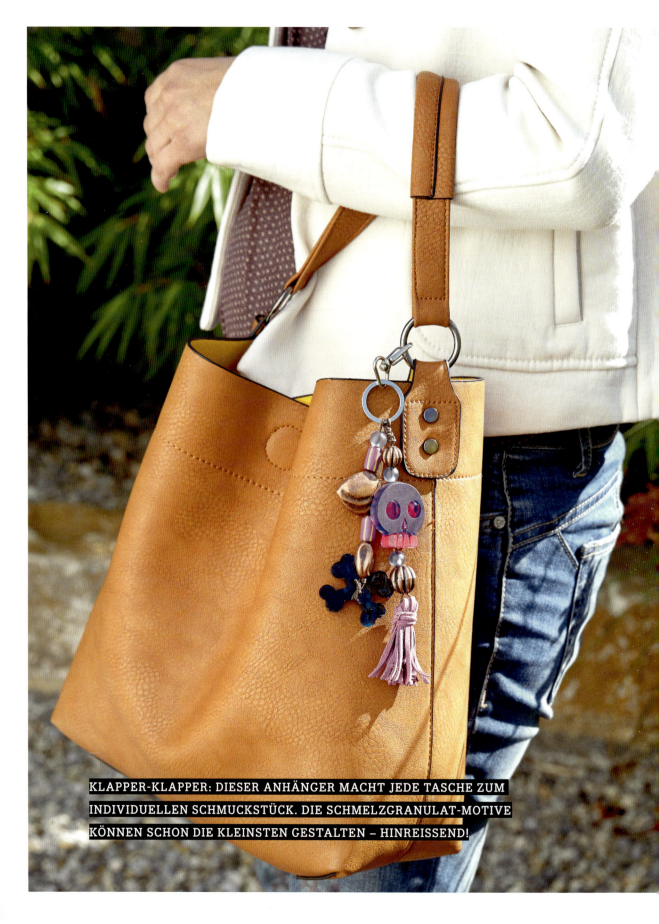

KLAPPER-KLAPPER: DIESER ANHÄNGER MACHT JEDE TASCHE ZUM INDIVIDUELLEN SCHMUCKSTÜCK. DIE SCHMELZGRANULAT-MOTIVE KÖNNEN SCHON DIE KLEINSTEN GESTALTEN – HINREISSEND!

ANHÄNGSEL

Handtaschen-Charm

MATERIAL

- Schmelzgranulat in Lila, Pink und Blau
- Silikonform (hitzebeständig) „Knochen" und „Totenkopf", ø 4 cm
- Schlüsselring, ø 3 cm
- Lederband in Violett, ø 3 mm, 3 m lang
- Lederband in Braun, ø 1 mm, 1,50 m lang
- 2 Holzperlen in Lila-Gelb, ø 8 mm
- 3 Glasperlen in Blau, ø 8 mm
- Schmuckösé, ø 3 mm
- 4 Metallperlen in Kupfer, ø 18 mm
- UHU Sekundenkleber

1 Suchen Sie gemeinsam mit Ihrem Kind eine schöne Form aus und lassen Sie es vom Kind 0,7 cm dick mit Schmelzgranulat befüllen. Gut ist eine Massenproduktion, also möglichst viele Förmchen befüllen!

2 Stellen Sie die Formen auf einem Backblech für etwa 20–30 Minuten bei 200° C in den Backofen.

3 Den Anhänger aus dem Ofen nehmen und sofort die Schmucköse in das noch heiße Granulat hineindrücken. Den Anhänger auskühlen lassen. Nehmen Sie nun den Anhänger vorsichtig aus der Form.

4 Quaste: Nehmen Sie das dickere Lederband und wickeln Sie es um drei Finger bis nur noch ein Ende von 10 cm übrig bleibt. Das aufgewickelte Lederband nehmen Sie von den Fingern und umwickeln ein Ende mit dem Rest des Lederbandes bis das Band aufgebraucht ist. Kleben Sie das Ende mit Sekundenkleber fest. Schneiden Sie nun das lange Ende auseinander.

5 Im Wechsel die Holzperlen, Metallperlen und die Granulat-Anhänger auf das dünne Lederband auffädeln. Die Quaste nicht vergessen! Am Ende den Schlüsselring befestigen.

TAFELSILBER

Lustiger Löffelschmuck

MATERIAL

- Kinderzeichnung
- Tee- oder Mokkalöffel aus Silber
- Modeschmuck mit kleiner Feder oder Ornamenten
- Gravurstift für Glas und Metall
- Backofen
- Seitenschneider
- Zange
- UHU Sekundenkleber
- Pinzette
- Topflappen

1 Legen Sie die Löffel bei 180 °C für 20 min in den Backofen. Dadurch wird das Metall erwärmt und lässt sich später besser biegen.

2 Entnehmen Sie einen Löffel mit Topflappen und biegen den Griff oval nach hinten. Nehmen Sie dafür eine Zange zur Hilfe.

3 Den überstehenden Löffelgriff mit dem Seitenschneider entfernen. Die nun entstandene Verschluss-Öse mit der Zange schließen.

4 Mit dem Gravurstift die Kinderzeichnung nachempfinden. Dafür benötigt man eine ruhige Hand. Unsicher? Sie können das Motiv auch mit einem weichen Bleistift vorzeichnen.

5 Den Modeschmuck in seine Einzelteile zerlegen und um das Motiv herum dekorieren. Dann vorsichtig mit einer Pinzette und Sekundenkleber die Deko auf den Löffel kleben. Mit kleinen Perlen können Sie zusätzliche Highlights setzen.

TIPP

Sie können die Löffel übrigens von beiden Seiten verwenden. Auf der Unterseite ist das Gravieren etwas einfacher.

DIE ALTEN SILBERLÖFFEL VON OMA KÄTHE WERDEN AUS DER UNTERSTEN SCHUBLADE BEFREIT – UND SCHMÜCKEN NUN DAMEN ALLER ALTERSSTUFEN.

EDELSTEINE

1-2-3-Ring und Manschettenknöpfe

MATERIAL

- flache Kieselsteine, ø 2 cm
- Acryl-Marker, extra dünn, in Weiß
- UHU Sekundenkleber
- Ringfassung in Silber (alternativ 2 Manschettenknopf-Rohlinge)
- Handbürste
- Gallseife
- Klarer Sprühlack
- Zeitungspapier

1 Reinigen Sie die Steine mit einer kleinen Handbürste und etwas Seifenlauge. Die Steine gut trocknen lassen.

2 Lassen Sie Ihr Kind die Kieselsteine mithilfe des Acrylstifts mit kleinen Figuren oder Muster bemalen. Für die Manschettenknöpfe sollten zwei zu einem Thema passende Motive gewählt werden.

3 Fixieren Sie die Kiesel mit Klarlack. Dazu legen Sie die Steine auf ein Stück altes Zeitungspapier und sprühen Sie aus etwa 20 cm Entfernung ein. Lassen Sie die Steine 30 Minuten trocknen.

4 Mit Sekundenkleber die Steine auf die Ringfassung oder auf die Manschettenknopffassung kleben.

TIPP

Wer eine ruhige Hand hat, kann die weißen Konturen mit Acrylfarben und einem feinen Pinsel ausmalen. Tolle Effekte erhalten Sie auch mit Glitterglue, der allerdings über Nacht trocknen muss.

VATERTAG? MUTTERTAG? EIN GESCHENK MUSS HER! MACHEN WIR DOCH MANSCHETTENKNÖPFE.

ICH BIN IMMER AUF DER SUCHE NACH MEINEM SCHLÜSSEL-BUND. ALSO MUSS EIN SCHLÜSSELWÄCHTER HER! UND DAMIT AUCH JEDER DEN RICHTIGEN SCHLÜSSEL ERWISCHT, SIND AB JETZT ALLE MIT NAMEN BESCHRIFTET.

SCHLÜSSELWÄCHTER

Bunte Fimo®-Anhänger

MATERIAL

- Kinderzeichnug
- Fimo® in Gelb Effekt, Hellgrün, Rot, Schwarz, Braun und Hellblau
- Schlüsselring, ø 3 mm
- Messer
- Buchstaben-Keksstempel
- Nudelholz
- Backofen
- Backpapier
- Bleistift
- Unterlage

1 Wellen Sie die gewünschte Fimo®-Masse 2 mm dick aus.

2 Legen Sie die Kinderzeichnung als Vorlage auf den Werktisch. Schneiden Sie nun die Grundform des Schlüsselwächters mit dem Messer aus. Bearbeiten Sie die Ränder mit dem Finger, damit Sie nicht so kantig wirken. Fügen Sie die Details wie Augen, Haare und Mund in anderen Farben hinzu.

3 Nehmen Sie den Keksstempel und schieben die Buchstaben für den jeweiligen Namen spiegelverkehrt in die Fassung des Stempels. Zur Sicherheit probieren Sie den Stempel auf einem Probestück aus. Nun prägen Sie Ihren Schlüsselanhänger vorsichtig.

4 Mit dem Bleistift bohren Sie jetzt ein Loch in den Anhänger. Hier wird nach dem Brennen der Schlüsselring befestigt.

5 Den Anhänger nun auf einem Stück Backpapier bei 160 °C 30 Minuten im Backofen brennen. Lassen Sie das Fimo® danach auskühlen.

6 Befestigen Sie den Schlüsselring an dem Schlüsselanhänger und daran Ihren Schlüsselbund.

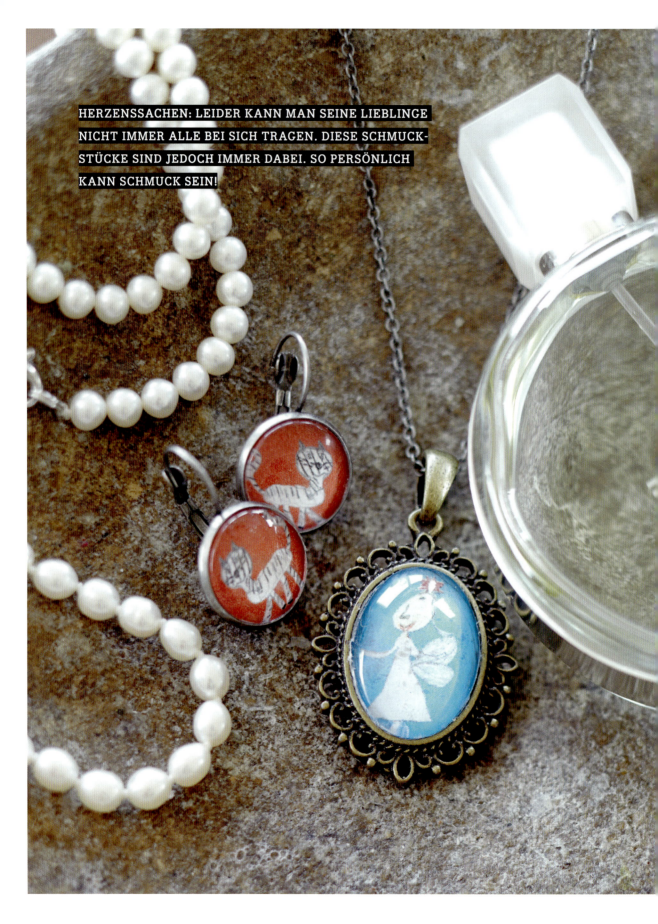

HERZENSSACHEN: LEIDER KANN MAN SEINE LIEBLINGE NICHT IMMER ALLE BEI SICH TRAGEN. DIESE SCHMUCKSTÜCKE SIND JEDOCH IMMER DABEI. SO PERSÖNLICH KANN SCHMUCK SEIN!

LIEBLINGSSTÜCKE

Edles Amulett

MATERIAL

- Kinderzeichnung
- Scanner
- Laserdrucker
- Antik-Anhänger Oval in Bronze, 2,9 cm × 3,7 cm
- Antik-Kette und -Öse in Bronze, ø 2 mm, 43 cm lang
- Cabochon
- kleine Schere
- UHU Silikon

1 Scannen Sie das Wunschmotiv ein und verkleinern Sie es auf das Maß Ihres Cabochons. Färben Sie eventuell in einem Grafikprogramm den Hintergrund ein. So erhalt die Zeichnung etwas mehr Kontrast.

2 Drucken Sie die Zeichnung mit einem Laserdrucker aus. Achtung: Sollten Sie die Bilder mit einem Tonerdrucker ausdrucken, kann es sein, dass das Motiv später verschmiert!

3 Auf die gewünschte Stelle des Papiers verteilen Sie einen Klecks vom Silikonkleber (größer als der Cabochon). Legen Sie jetzt vorsichtig den Glascabochon auf diese Fläche und lassen Sie diesen über Nacht trocknen.

4 Wenn der Kleber vollständig getrocknet ist, können Sie das Papier außerhalb des Glassteins wegschneiden.

5 Nun können Sie etwas von dem Kleber in die Fassung geben und den Motivstein einkleben.

TIPP

Kinderleicht lassen sich so auch Ohrringe herstellen. Dazu benötigen Sie allerdings zwei Mal das gleiche Motiv, einmal davon spiegelverkehrt.

ABENTEUER UNTERGRUND

Jetzt darf experimentiert werden. Nicht nur Papier ist zum Malen geeignet. Versuchen Sie es doch einfach mal mit alten Holzbrettern, ausrangierten Bettlaken oder einem Rest Raufasertapete. Bald kann man gar nicht mehr damit aufhören. Fenster oder Duschwände laden zum Farbenspiel ein und die gesammelten Kieselsteine warten darauf, endlich bemalt zu werden. Und das beste: Upcycling spart Geld für den Familiengeldbeutel!

BÄRENHUNGER?

Brandmalerei-Brettchen

MATERIAL

- Kopie einer Kinderzeichnung
- Holzbrettchen, unbehandelt, 1 cm × 15 cm × 23 cm
- Brandmalkolben (alternativ Lötkolben)
- Kohlepapier
- Bleistift, hart
- 2 EL Olivenöl

1 Legen Sie das Kohlepapier mit der beschichteten Seite auf das Brettchen. Nun legen Sie die Kopie der Zeichnung, die übertragen werden soll, auf das Kohlepapier. Zeichnen Sie nun die Konturen des Bildes mit einem Bleistift nach. Wenn alle Linien nachgezeichnet wurden, entfernen Sie die beiden Blätter.

2 Lassen Sie den Brandmalkolben vier Minuten vorheizen. Probieren Sie auf einem Probestück den Kolben aus.

3 Beginnen Sie dann, die vorgezeichneten Linien langsam mit der Spitze des Brandmalkolbens nachzufahren. Je stärker Sie den Brandmalkolben ins Holz brennen, umso dunkler werden die Linien.

4 Das fertige Brettchen können Sie zum Schutz mit etwas Olivenöl versiegeln. Dadurch wird Brettchen haltbarer gemacht und weist Schmutz und Wasser besser ab.

SO SCHMECKT DAS FRÜHSTÜCK DOPPELT GUT. ...
UND DAZU OMAS SELBSTGEMACHTE MARMELADE
– UNÜBERTROFFEN!

KAUM SIND DIE ERSTEN SONNENSTRAHLEN DA, BEGINNEN ALLE KINDER, AUF UNSERER STRASSE ZU MALEN. ICH BIN IMMER WIEDER ÜBERRASCHT, WAS DA ALLES ENTSTEHT. DANN PLÖTZLICH EIN REGENGUSS UND DIE KUNSTWERKE SIND FORT. EINE MÖGLICHKEIT, DIE KUNSTWERKE ZU BEHALTEN, IST ES, SIE ZUSAMMEN MIT DEN KÜNSTLERN ZU FOTOGRAFIEREN.

STRASSENKUNST

Kreide trifft Foto

MATERIAL

- Straßenmalkreide
- Kamera
- Leiter
- Accessoires

1 Das macht auch am Kindergeburtstag Spaß! Lassen Sie den kleinen Künstlern freie Hand. Ob Drachen oder Regenbogen, es kommen sicher tolle Motive dabei heraus.

2 Suchen Sie einige passende Accessoires zum Bild Ihrer Kinder heraus. Ein Holzschwert für den Drachenkampf oder einen Regenschirm für die dicken Regenwolken.

3 Platzieren Sie die Kinder mit den Accessoires im Bild auf der Straße und erklären den Kindern, welchen Gesichtsausdruck sie haben sollen. Der Drachentöter sollte natürlich wagemutig aussehen.

4 Stellen Sie sich auf eine hohe Leiter und fotografieren die Szene von oben.

TIPP

Nicht nur im Bilderrahmen oder einem Fotokalender machen solche Bilder großen Eindruck. Auch als Postkarte, als Partyeinladung oder XXL-Leinwanddruck sind sie klasse.

STEMPEL VERWANDELN LANGWEILIGES KOPIERPAPIER IM NU IN PRIMA BRIEFPAPIER. DRUCKEN SIE MIT TEXTILFARBE, LASSEN SICH DAMIT ABER AUCH KULTURBEUTEL, ROCKSÄUME ODER T-SHIRTS VEREDELN. SO EINEN KINDERPRINT HAT NICHT JEDER!

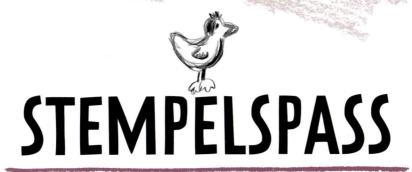

STEMPELSPASS

Linolschnitt mal anders

MATERIAL

- Kopie einer Kinderzeichnung
- Bleistift
- Linoleumplatte, A4
- Linolmesser
- Konturenmesser
- Tonpapier (zum Bestempeln), A4
- Stempelfarbe
- Baumscheiben, ø 6 cm
- UHU Sekundenkleber
- ggf. Kohlepapier

1 Sie können Ihre Kinder direkt mit einem Bleistift auf das Linoleum zeichnen lassen, Fehler lassen sich einfach wegradieren. Oder Sie pausen ein vorhandenes Kindermotiv mithilfe von Kohlepapier auf das Linoleum ab. Je feiner und detaillierter Ihr Motiv ist, umso schwieriger wird es, den Linolschnitt anzufertigen.

2 Nun müssen Sie alle Flächen, die nicht mitgedruckt werden sollen, entfernen. Je feiner die Linie, umso schmaler muss die Metallspitze des Werkzeugs sein. Für die Außenlinien verwenden Sie das Konturenmesser, für die Flächen das Linolwerkzeug. Achtung: Die Werkzeuge sind sehr scharf. Bei dieser Arbeit kann es leicht passieren, dass Sie abrutschen und sich verletzen. Schneiden Sie daher immer von sich weg und halten Sie die andere Hand hinter dem Werkzeug.

3 Das fertige Motiv ausschneiden und mit dem Sekundenkleber auf die Baumscheibe kleben. Fertig ist der süße Stempel.

MÜLLMONSTER

Frech bemalter Mülleimer

MATERIAL

- Kinderzeichnung, A3
- Mülleimer in Silber, 53 cm × 32 cm × 32 cm
- Window-Color in Grün, Blau, Gelb und Rot
- Window-Color Konturfarbe in Schwarz
- Dokumentenfolie, A3
- Wackelauge, oval, ø 18 mm
- ggf. Nadel

1 Legen Sie die Kinderzeichnung in die Dokumentenfolie und zeichnen Sie mit der Konturfarbe die Außenlinien nach. Die Outline sollte nun gut durchtrocknen.

2 Zuerst die Farbe entlang der Konturen auftragen, damit eine feste Verbindung entsteht. Dann die Flächen deckend und gleichmäßig ausmalen. Luftblasen können Sie mit einer Nadel aufstechen.

3 Setzen Sie das Wackelauge in die noch feuchte Farbe ein.

4 Das fertige Motiv sollte mindestens 24 Stunden durchtrocknen. Die Bilder sehen zunächst sehr milchig aus. Nach dem endgültigen Trocknen erreichen sie die typische Transparenz und Leuchtkraft. Nun nur noch das Bild vorsichtig von der Folie lösen und am Mülleimer anbringen. Fertig!

TIPP

Sollten Sie eine winzige Kinderzeichnung übertragen wollen, scannen Sie diese ein und vergrößern (oder verkleinern) sie auf die benötigte Größe.

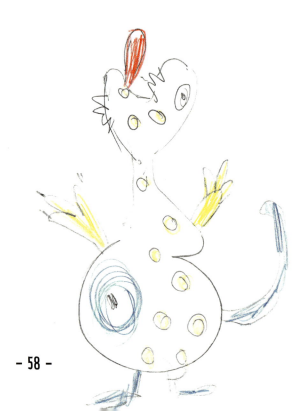

LEUCHTENDE ERINNERUNGEN: MIT HILFE DER ROTIEREN-
DEN FARBLICHTBIRNE TANZEN SIE WIE TRAUMBILDER
ÜBER DIE WAND.

HIGHLIGHT!
Lampenschirm bemalen

MATERIAL

- Lampenschirm für Hängelampe in Weiß (Baumwolle), ø 25 cm, 15 cm hoch
- Textilmarker in Schwarz
- Textilfarbe in Bronze
- verschiedene Pinsel
- Glühbirne (mit oder ohne Effekt)
- Lampenhalterung

1 Malerkittel-Time: Die Textilstifte lassen sich schwer wieder auswaschen. Überlegen Sie mit Ihrem Minikünstler die Motivwelt für die Lampe. Wie wäre es mit einer Unterwasserwelt, dem Weltall oder einem Sternenhimmel?

2 Das Kind zeichnet nun mit ganz sanftem Druck direkt auf den Lampenschirm – und zwar alle Motive lediglich als Konturlinie.

3 Malen Sie alle Flächen, die nicht weiß durchscheinen sollen, mit der Acrylfarbe aus.

4 Montieren Sie den Lampenschirm an der Lampenfassung. Bei der Birne haben Sie die Wahl: Es gibt beispielsweise tolle LEDs mit drehenden Prismen-Halbkugeln. Sie lassen das Licht glitzernd rotieren und erzielen echtes Traumwelt-Feeling.

TIPP

Eine Lampe, die auch ohne Licht leuchtet? Wenn Sie die hellen Figuren mit Glow in the Dark-Pigmenten bemalen, leuchten diese in der Nacht auch ganz ohne Strom.

GLAMOUR

ein Tattoo für Mama

MATERIAL

- Reinigungsmilch
- Wattepad
- Tattoo-Stifte in Silber, Blau und Grün
- Haut-Kleber
- Tattoo-Glitter
- Vinylklebefolie
- Cutter
- Haarpinsel
- Rougepinsel
- Handtuch

1 Lassen Sie Ihr Kind auf die Klebefolie zeichnen.

2 Schneiden Sie mit dem Cutter die Teile aus der Folie, die später sichtbar sein sollen. Es entsteht eine Negativschablone.

3 Reinigen Sie die Haut mit einem Wattepad und etwas Reinigungsmilch. Spülen Sie die Reinigungsmilch mit lauwarmem Wasser ab und tupfen Sie die Haut trocken.

4 Entfernen Sie die Trägerfolie von Ihrer Schablone und kleben Sie diese auf die gewünschte Stelle. Die durchblitzenden Hautflächen mit Hautkleber bestreichen. Schablone sofort entfernen.

5 Warten Sie bis der Kleber transparent geworden ist. Einen trockenen Pinsel in den Glitter tauchen und das Motiv damit bestäuben. Dabei darf die Haut berührt werden. Den überschüssigen Glitter mit einem großen Rougepinsel entfernen.

6 Mit den Tattoo-Stiften können die Kinder nun noch Details dazu malen. Man kann mit den Stiften wie mit Filzstiften arbeiten und das Motiv direkt auf die Haut malen.

EIN WENIG GOLD- UND SILBERGLITZER UND DER AUFTRITT IST PERFEKT. LASSEN SIE SICH VON DEN KLEINSTEN STYLEN!

DER BESONDERE RAHMEN

Beim Aufräumen entdecke ich immer wieder neue Kunstwerke meiner Kinder. Ganz einzigartige Gemälde und Collagen, allesamt viel zu schade, um nur in einer Mappe zu landen. Kleine Künstler, große Kunst – es muss also eine Galerie her! Aber keine normale. Also keine Klebestreifen- oder Reißzwecken-Bilderwand. Am besten eine Wechselausstellung mit feierlicher Vernissage für die ganze Familie.

RUNDUM

Mobile Kunst

MATERIAL

- Stickrahmen, ø 26 cm und ø 17 cm
- 20 Holzwäscheklammern
- Tonpapier in Pastelfarbe, A4
- Stoffrest in Grün-Türkis, 20 cm × 20 cm
- Schneiderkreide
- Faden in Gold, 2,5 m lang
- Heißkleber
- Sprühkleber
- Schere
- Sticknadel

1 Nehmen Sie den kleinen Stickrahmen auseinander und spannen das Stoffstück fest in den Rahmen ein. Zeichnen Sie mit dem Stoffmarker den überstehenden Stoff an. Rahmen öffnen und den überstehenden Stoff abschneiden. Danach den Stoff fest in den Rahmen einspannen.

2 Den großen Stickrahmen auseinander nehmen und in zwei Teile aufteilen. Beginnen Sie nun mit der Heißklebepistole sieben Wäscheklammern gleichmäßig an den beiden Rahmenteilen anzubringen. Die Klammeröffnung sollte dabei nach unten schauen.

3 Den kleinen Rahmen bestücken Sie ebenso. Hier sollten allerdings die Abstände etwas größer sein. Nun wählen Sie ein paar kleinere Zeichnungen aus, die später angeklammert werden sollen. Die Zeichnungen auf farbigen Karton kleben und an der Kontur ausschneiden.

4 Nun die einzelnen Rahmen mit Goldfaden miteinander verbinden. Hierfür zuerst die oberen zwei Rahmen an drei Stellen, mit einem Abstand von 12 cm, verknoten, dann an den unteren festbinden.

- 67 -

WÄNDE BEKRITZELN ERLAUBT! DIE VERSCHIEDENEN RAHMEN LADEN ZUM AUSMALEN UND VERSCHÖNERN EIN. SO SIEHT LEA ALS PRINZESSIN AUS – UND ICH MALE OMA UND OPA!

AHNENGALERIE

Tapetenkunst

MATERIAL

- MDF Platte, 180 cm × 180 cm, 8 mm stark
- Rolle Glattvlies-Tapete
- Tapetenkleister
- Kleisterpinsel
- Tapezierbürste
- 2–3 dicke Permanentmarker in Schwarz
- Schere
- Tapeziermesser
- Tapezierschiene
- 4 Malerböcke
- Akkuschrauber
- 4 Wandschrauben / Dübel

VORLAGE SEITE 107

TIPP

Das Glattvlies lässt sich mit normaler Wandfarbe überstreichen. So kann man einmal im Jahr neue Rahmen und Kunstwerke aufbringen. Diese Malaktion eignet sich prima für Kindergeburtstage!

1 Die MDF-Platte mit feiner Oberfläche lassen Sie sich am besten direkt im Baumarkt auf Ihr Wunschmaß zuschneiden.

2 Die Platte bekleben, in dem man sie dazu auf zwei Malerböcke legt: Messen Sie die Länge für die benötigte Vliestapete aus (hier 180 cm) und geben Sie eine Schnittzugabe von 3 cm dazu. Die benötigten Bahnen zuschneiden und bereitlegen.

3 Danach streichen Sie die halbe Fläche der MDF-Platte mit dem Tapetenkleister ein. Nehmen Sie die zugeschnittene Vliesbahn in beide Hände und setzen Sie diese auf der mit Kleber bestrichenen Wand in der oberen Ecke an. Streichen Sie nun die Malervliesbahn mit der Tapezierbürste fest. Achten Sie darauf, dass Sie die Vliesbahn gleichmäßig festdrücken. Streichen Sie hierzu mit der Tapezierbürste von links nach rechts und von oben nach unten alles gut fest.

4 Die nächsten Bahnen werden nun Stoß an Stoß angesetzt. Es ist nicht nötig, die Tapete überlappen zu lassen, da sich das Vlies später nicht zusammenzieht.

5 Zum Schluss wird mit einem Tapeziermesser und einer Tapezierschiene das überschüssige Vlies gerade abgeschnitten.

6 Die Platte sollte 24 Stunden trocknen bevor sie bemalt wird.

7 Zeichnen Sie verschiedene Bilderrahmen mit einem Marker auf. Bohren Sie in allen vier Ecken mit einem Randabstand von 2 cm je ein Loch für die Wandbefestigung vor. Nun je nach Wandbeschaffenheit die Platte an den vorgeborten Ecken mit den Schrauben an der Wand fixieren. Schon kann es für die kleinen Künstler losgehen!

KUNSTMAPPE

Gesammelte Werke

MATERIAL

- Kinderzeichnung als Kopie
- Fotoalbum in Graupappe, 30 cm × 30 cm
- 2 Stoffreste in Hellgrün mit weißen Tupfen und Zickzack in Rosa-Weiß, 7 cm × 10 cm
- Acrylfarbe in Hellblau
- Washi Tape
- Bleistift, B5
- Zickzackschere
- Zahnbürste
- UHU Sprühkleber

1 Versäubern Sie die Ränder der Stoffreste mit einer Zickzackschere. Sprühen Sie die Rückseite leicht mit Sprühkleber ein und kleben diese sofort auf die Mitte des Albums. Vorsichtig andrücken.

2 Wählen Sie einige Lieblingskunstwerke aus und kopieren Sie diese. Die Kopien ausschneiden und positionieren. Nun einzeln die Motive auf der Rückseite mit Sprühkleber benetzen und auf das Album kleben.

3 Mit einem weichen Bleistift den Titel des Albums auf die Kunstmappe schreiben.

4 Mit der Zahnbürste und etwas Farbe noch ein paar Farbkleckse auf das Album spritzen. Dafür die Zahnbürste in die Farbe tauchen und mit dem Daumen schnell über die Borsten fahren.

5 Die Sammlerstücke mit dem Washi Tape ins Album hineinkleben. Die Klebebänder gibt es in tollen Farben und Mustern.

TIPP

Wer keine Lust auf ein gebasteltes Album hat, kann die Kunstwerke auch alle einscannen, als Fotobuch anlegen und es bei einem Fotobuchanbieter drucken lassen.

EIN BABYALBUM MIT ALTEN FOTOS HAT FAST JEDER, ABER KAUM JEMAND ERINNERT SICH AN SEIN ERSTES KUNSTWERK! SCHADE! DAS MUSS GEÄNDERT WERDEN!

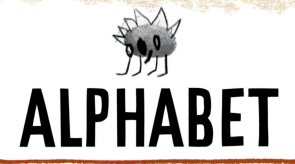

ALPHABET

Fingergestempeltes ABC

MATERIAL

- Papier, A2
- 26 Buchstaben, A bis Z, 4 cm hoch
- Klebestift
- Schere
- Fingerfarbe in Braun, Rot, Gelb, Blau, Grün und Weiß
- Fineliner in Schwarz
- Schmierblätter

VORLAGE SEITE 108

1 Kopieren oder Drucken Sie die Buchstabenvorlagen aus. Schneiden Sie die Buchstaben mit einem Rand von etwa 2 mm aus und kleben Sie diese in der Reihenfolge des Alphabets gleichmäßig auf das Papier.

2 Überlegen Sie sich für jeden Buchstaben ein Tier oder ein einfaches Motiv, das mit dem jeweiligen Buchstaben beginnt.

3 Lassen Sie Ihr Kind mit der Fingerfarbe zu jedem Buchstaben einen Fingerabdruck stempeln: Den Finger einmal auf dem Schmierblatt abdrucken und dann mit dem Rest der Farbe auf das Poster drucken. Den Fingerabdruck gut trocknen lassen

4 Nun mit dem Fineliner aus dem Abdruck das Tier entstehen lassen. Oft genügen die Schnurrhaare und die Augen, schon kann man es erkennen.

SCHAUKASTEN

Rahmen voller Urlaubserinnerungen

MATERIAL

- Kinderzeichnung (hier Fische)
- Urlaubserinnerungen, Urlaubsfoto, Landkarte
- Holzkiste, 9,5 cm × 24 cm × 30 cm
- Spiegelglas, 22 cm × 28 cm
- Acrylfarbe in Hellblau
- Pinsel
- Nähgarn
- Klebefilm
- Muscheln
- Kreppklebeband
- UHU Bastelkleber
- Heißkleber

VORLAGE SEITE 107

1 Reinigen Sie die Kiste und kleben Sie den Boden mit dem Malerkrepp ab. Malen Sie den inneren Rahmen der Kiste mit wenig Farbe und einem breiten Pinsel im Antiklook hellblau an. Entfernen Sie das Kreppklebeband und lassen Sie alles gut trocknen.

2 Kleben Sie mit der Heißklebepistole den Spiegel innen auf den Kistenboden.

3 Falten Sie aus einer alten Landkarte ein Schiffchen (siehe Seite 107) und kleben Sie es mit Heißkleber innen auf den Rand. Schneiden Sie ein schönes Urlaubsfoto zu und kleben Sie es innen auf den Spiegel.

4 Scannen Sie die Fischbilder Ihres Kindes ein und drucken Sie sie einmal normal und einmal spiegelverkehrt aus. Schneiden Sie die Fische aus und kleben Sie sie aufeinander. Für die Aufhängung mit Nadel und Faden durch die Fische stechen und den Faden am Ende verknoten. Die Fische können Sie nun mit etwas Klebefilm oben am Rahmen befestigen.

5 Die liebgewonnen Urlaubserinnerungen in das Kästchen dekorieren und eventuell mit etwas Bastelkleber fixieren.

TIPP

Wo waren Sie im Urlaub? Passen Sie das Schatzkästchen an. Beim Urlaub auf dem Bauernhof dürfen Stroh und echte Hühnerfeder natürlich nicht fehlen.

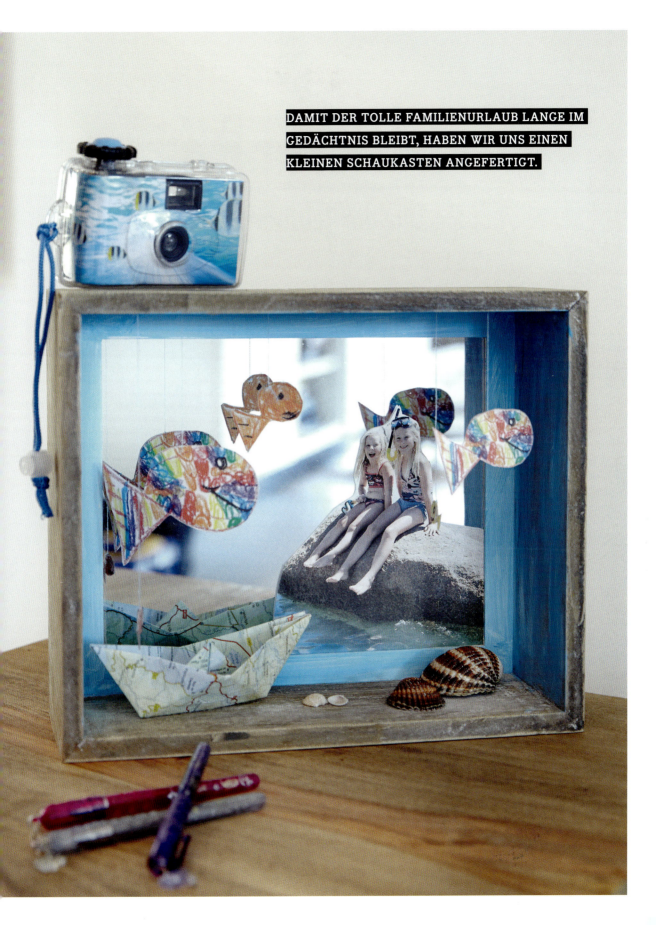

DAMIT DER TOLLE FAMILIENURLAUB LANGE IM GEDÄCHTNIS BLEIBT, HABEN WIR UNS EINEN KLEINEN SCHAUKASTEN ANGEFERTIGT.

UHRWERK

Wie die Zeit vergeht!

MATERIAL

- Kinderzeichnungen
- Uhrwerk mit Zeigern
- 12 Deckel, 8 cm × 5 cm (alternativ Bilderrahmen oder Schachteln)
- Kunststofftier „Hase"
- Holzbuchstabe „&"
- Geschenkpapierreste, 10 cm × 10 cm
- UHU Stic
- Schere
- Klebefilm
- UHU patafix
- Hammer und Nagel

1 Für die Rahmen werden 12 kleine Deckel benötigt. Bekleben Sie die Ränder der Deckel innen und außen mit Geschenkpapier. Legen Sie dafür die Rückseite des Rahmens auf die Innenseite des Geschenkpapiers und falten Sie in den Deckel hinein. Dann in der Mitte mit einem Klebestreifen fixieren.

2 Gestalten Sie nun das Innere der Rahmen mit Kinderkunst. Die flachen Schächtelchen bieten sich für Zeichnungen an, die tiefen für kleine Collagen und Basteleien.

3 Suchen Sie sich einen geeigneten Platz für Ihre Uhr aus. Nun bringen Sie mittig mit Hammer und Nagel das Uhrwerk an.

4 Die fertigen Kunstwerke mit je einem kleinen Powerstrip versehen.

5 Nehmen Sie den ersten Rahmen und kleben ihn vorsichtig auf 12 Uhr. Den Rahmen noch nicht zu fest andrücken, so können Sie später die Position noch etwas korrigieren. Die anderen Rahmen ebenfalls an Ihre Uhrzeit-Position kleben und andrücken.

TIPP

Um Ihren Kindern die Uhrzeit näher zu bringen, können Sie auch die passenden Alltagssituation von den Kleinen malen lassen: 7 Uhr aufstehen, 8 Uhr Frühstück, usw.

KINDER, WIE DIE ZEIT VERGEHT! ES STIMMT: MIT KINDERN BEGINNT DIE ZEIT ZU RENNEN. GUT, DASS ES DIESE ERINNERUNGSUHR GIBT!

KLARSICHTVORHANG

Meine Galerie

MATERIAL

- 40 Kinderzeichnungen, A6
- PVC Duschvorhang mit Taschen für Fotos und Postkarten, 180 cm × 180 cm, 143 Taschen
- Scanner / Drucker oder Fotokamera
- Schere
- Gardinenstange inkl. Wandbefestigung mit 15 Ringen, 180 cm lang

1 Suchen Sie aus dem Bilderstapel Ihres Kindes 40 Bilder heraus.

2 Scannen Sie die Bilder ein und drucken Sie sie auf A6-Größe aus. Alternativ hierzu können Sie die Bilder auch abfotografieren und dann im 10 cm × 15 cm-Format entwickeln lassen. Wenn Sie den Vorhang von beiden Seiten sichtbar aufhängen, ist es sinnvoll, die Bilder zweimal auszudrucken. In den Fototaschen lassen sich aber auch andere kostbare Erinnerungsstücke und kleine Bastelleien aufbewahren.

3 Stecken Sie die Bilder in die gewünschten Taschen. Fertig ist ein luftiger Raumteiler oder ein Wandschmuck voller Erinnerungen. Sind die Bilder ausnahmslos keine kostbaren Originale, können Sie den Duschvorhang natürlich auch im Badezimmer einsetzen.

TIPP

Manchmal ist es auch reizvoll, nur einen Ausschnitt eines Bildes zu zeigen oder die Bilder in Farbfamilien zu sortieren. Wie wäre es mit einem Vorhang in Blautönen?

AUSTAUSCHEN, UMSORTIEREN, NEU BESTÜCKEN – DIE GALERIE MIT DURCHBLICK. DER KUNSTVORHANG IST EIN VIELSEITIGES RAUMWUNDER, DAS FENSTER ODER WAND BLITZSCHNELL IN EINE AUSSTELLUNGSFLÄCHE VERWANDELT.

KLEINE GESCHENKE

„Das Bild ist für Oma!" Immer wieder freue ich mich, wenn meine Kids aufgeregt mit solchen Überraschungen aus ihren Zimmern stürmen und bin überrascht, was dann zum Vorschein kommt. Manchmal haben sie ein noch fast neues Blatt benutzt, oft aber ein Schmierblatt oder meinen Einkaufszettel. Nun heißt es, das Kunstwerk als Geschenk aufzupeppen. In unserem Keller haben wir eine Kiste mit Dingen, die ich zwar schön finde, die aber keine passende Verwendung gefunden haben: Schöne Stoffreste, Dosen oder Gläser, von denen ich mich nicht trennen kann. Diese Schätze warten nur darauf, zu Kunstgeschenken umgearbeitet zu werden.

KLATSCHE!

Nix da, Bienenstich!

MATERIAL

- Kinderzeichnung auf Karopapier kopiert
- Fliegenklatsche
- dicke, stumpfe Sticknadel
- Wollreste in Schwarz, Grün, Rosa, Rot, Weiß und Orange
- Schere

1 Kopieren Sie die Kinderzeichnung auf ein kariertes Blatt. So bekommt man eine bessere Vorstellung vom Raster.

2 Schneiden Sie ein 50 cm langes Stück Wolle zu und verknoten das Ende mehrmals. Fädeln Sie den Anfang Ihres Fadens in die Sticknadel ein.

3 Beginnen Sie nun im oberen Teil und stechen die Nadel von hinten in die Fliegenklatsche ein. Ziehen Sie den Faden ganz durch bis der Knoten am Gitter feststeckt. Falls er durchrutscht, müssen Sie den Knoten noch dicker knüpfen.

4 Beginnen Sie nun die Form Ihrer Vorlage beispielsweise im Kreuzstich nachzuempfinden. Sticken Sie immer zuerst alle Motivteile in einer Farbe. Verknoten Sie die Fäden auf der Rückseite und schneiden dann den Rest ab. Danach verwenden Sie die nächste Wollfarbe.

BESTICKTE FLIEGEN-KLATSCHEN SIND ABSOLUTE VERBLÜF-FUNGSGESCHENKE!

MONSTRÖS!

Geburtstagskuchen

MATERIAL

- Kinderzeichnung

APFEL-MARMOR-KUCHEN

- 6 Ei
- 300 g Butter, weich
- 100 g Zucker
- 100 g Zartbitterschokolade, gerieben
- 150 g Mandel, gemahlen
- Apfel, geraspelt
- 300 g Mehl
- 1 Pck. Backpulver
- 30 g Kakaopulver

GANACHE

- 200 ml Sahne
- 250 g Schokolade mit 70%-Kakaogehalt

DEKORATION

- Bäckerstärke
- 1 kg Fondant in Blau
- 250 g Fondant in Lila, Türkis, Grün, Orange und Dunkelgrün
- Zuckerschrift (Tube), 50 g
- 3 Miniäpfelchen

WERKZEUG

- 15 Zahnstocher
- Schneebesen
- Rührgerät
- Schüssel
- spitzes Messer
- Teigrolle
- Knoblauchpresse
- Guglhupf-Form, ø 23 cm

1 Den Backofen auf 180 Grad vorheizen. Die Eier, Butter, Zucker, Schokolade, Mandeln und den geriebenen Apfel im Mixer schaumig rühren. Mehl und Backpulver unterrühren. Drei Viertel des Teiges in eine gefettete Guglhupf-Form füllen. Unter den restlichen Teig den Kakao mischen. Den dunklen Teig jetzt auf den hellen in die Form geben. Den Kuchen im vorgeheizten Backofen bei 180 Grad Umluft 40 Minuten backen (Stäbchenprobe machen). Den Kuchen zwei Stunden auskühlen lassen.

2 Reiben Sie die Schokolade fein. Erwärmen Sie die Sahne bis zum Siedepunkt. Nicht aufkochen lassen! Gießen Sie die heiße Sahne direkt auf die Schokolade und lassen alles drei Minuten schmelzen. Vorsichtig mit einem Schneebesen verrühren. Dann die Ganache fünf Stunden in den Kühlschrank stellen.

3 Die ausgekühlte Ganache gleichmäßig auf den Kuchen streichen. Dann den blauen Fondant gleichmäßig 2 mm stark auf einer mit Bäckerstärke benetzten Fläche ausrollen.

4 Den Fondant vorsichtig auf den Kuchen legen und andrücken. Die überstehende Zuckermasse abschneiden.

5 12 kleine violette Spitzen formen und mit einem Zahnstocher feststecken. Die drei Miniäpfel mit dem Fondant ummanteln und feststecken.

6 Augenbrauen, den Mund und die Kette modellieren. Für die Haare kleine Mengen grüne und dunkelgrüne Zuckermasse durch die Knoblauchpresse pressen und alles mit Zuckerkleber auf den Kopf kleben.

DA SCHAUEN KLEINE UND GROSSE KUCHEN-MONSTER ÜBERWÄLTIGT: EIN KINDERGEBURTS-TAGSKUCHEN NACH EIGENEM ENTWURF!

MEGAMAGNETE
mit Geschenkverpackung

MATERIAL

- Kinderzeichnung
- Magnetplatte in Weiß, A4, 1 mm stark
- Tonpapier in Grün, 13,7 cm × 10,7 cm
- CD-Hülle
- Fotopapier
- Sprühkleber
- Schere
- Scanner und Drucker
- Bleistift
- Lineal

1 Scannen Sie die Wunschmotive ein und drucken Sie sie in Wunschgröße auf Fotopapier aus.

2 Schneiden Sie die Motive grob aus und besprühen Sie die Rückseite gleichmäßig mit dem Sprühkleber. Kleben Sie nun das Motiv auf die weiße Seite der Magnetplatte. Die Platte etwa 30 Minuten trocknen lassen.

3 Nun können Sie die Motive mit der Schere aus der Magnetplatte ausschneiden.

4 Für die Verpackung nehmen Sie eine leere CD-Hülle und entfernen den inneren Plastiktray und die Papiereinleger. Nehmen Sie das Tonpapier und schneiden Sie es als neuen Einleger für die Rückseite zu, der alte Einleger dient als Schablone.

5 Die fertigen Magnete in die Hülle auf das farbige Papier legen.

DIESE MAGNETE ERZÄHLEN GANZE GESCHICHTEN –
UND MAN KANN SIE IMMER NEU ZUSAMMENSTELLEN.

DRUCKSACHE

Bedrucktes Geschenkpapier

MATERIAL

- Packpapier auf der Rolle
- Acrylfarbe in Gold und Weiß
- Moosgummi, A4
- doppelseitige Klebefolie, A4
- Nudelholz
- Schere
- Bleistift
- Marker in Schwarz
- Pinsel
- Lackierrolle

1 Kleben Sie die Klebefolie auf das Moosgummi.

2 Lassen Sie Ihr Kind je nach Geschenkanlass Motive auf das Moosgummi zeichnen.

3 Schneiden Sie die Motive aus dem Moosgummi aus.

4 Entfernen Sie die Trägerfolie von der Klebeschicht und kleben Sie die Moosgummielemente gleichmäßig auf das Nudelholz.

5 Schneiden Sie sich das Packpapier in der passenden Größe für Ihr Geschenk zu.

6 Tragen Sie mit einer Lackierrolle die Acrylfarbe gleichmäßig auf das Nudelholz auf.

7 Nun vorsichtig mit dem Nudelholz über das Packpapier rollen. Die Rolle neu mit Farbe benetzen und im Versatz das Papier weiter bedrucken. Beim Abrollen ist es hilfreich, wenn jemand das Papier festhält.

8 Mit der weißen Farbe und dem Pinsel noch kleine Details auf die Drucke zeichnen.

TIPP

Mit Moosgummi und Farbe lassen sich auch toll kleine Grußkarten bedrucken. Für zweifarbige Drucke einfach zwei Stempel anfertigen

VORFREUDE IST DIE SCHÖNSTE FREUDE. VOR ALLEM BEI SO TOLLEM GESCHENKPAPIER!

KALORIENKUNST

Pralinenschachtel deluxe

MATERIAL

- Kinderzeichnungen ggf. als Kopie
- Pralinenschachtel in Herzform
- UHU Bastelkleber
- Acrylfarbspray in Gold
- Transparentpapier, 15 cm × 15 cm
- Bleistift

1 Entnehmen Sie das Innere der Pralinenschachtel und legen Sie den Einleger so, dass Sie die Unterseite vor sich haben.

2 Legen Sie das Transparentpapier auf die Rückseite und zeichnen Sie mit dem Bleistift die Formen der Pralinen nach. Schneiden Sie die Formen aus.

3 Arbeiten Sie im Freien: Die Spraydose gut schütteln und damit den Plastikeinleger gleichmäßig besprühen. Den Einleger nun eine Stunde trocknen lassen.

4 Kopieren Sie die Zeichnungen auf Miniaturgröße. Legen Sie die Transparentpapierformen auf die Bilder und wählen Sie den richtigen Ausschnitt aus. Zeichnen Sie eine Kontur um das Motiv.

5 Schneiden Sie die Motive aus und kleben Sie diese mit Bastelkleber in den Einleger. Den Einleger können Sie nun wieder in die Pralinenschachtel legen.

TIPP

Zum Muttertag sind besonders Herzpralinen gefragt. Wie wäre es mal mit Kunst oder Botschaften in Herzformat? Für den besonderen Überraschungseffekt legen Sie die Herzpralinen wieder vorsichtig auf die Bilder. Da macht Mama Augen!

KEINE PRALINEN – NEIN, VIEL BESSER! IN DER SÜSSEN PRALINENSCHACHTEL VERSTECKEN SICH KLEINE KALORIENFREIE KUNSTWERKE.

KALENDARIUM

Immerwährender Familienplaner

MATERIAL

- Kinderzeichnung
- Scanner
- Computer mit einem Layoutprogramm
- Drucker, A3
- Bilderrahmen, 44 cm × 35,5 cm
- Folienmarker abwischbar in Schwarz
- 2 Bänder in Grau mit weißen Sternen, 2 cm × 52 cm

1 Scannen Sie die Kinderzeichnung ein und bearbeiten Sie sie nach Ihren Wünschen.

2 Legen Sie in Ihrem Programm ein A3-Blatt an und fügen Sie das Bild in Ihre Vorlage ein. Im Menü hierzu auf den Einfüge-Reiter „Foto", dann auf „Bild aus Datei" gehen. Das Einfügen bestätigen.

3 Laden Sie sich die Kalendervorlage herunter, indem Sie dem Link folgen und laden Sie diese (ebenfalls als Bild) in Ihr Dokument. Speichern.

4 Sobald Ihnen die Anordnung gefällt, drucken Sie den Planer aus. Sie können aus der Datei auch ein PDF schreiben und sie im nächsten Copy-Shop in A3 ausdrucken lassen.

5 Den Ausdruck in den Bilderrahmen einlegen und rechts und links mit farbigen Bändern dekorieren.

Diese Vorlage steht für Sie in unserem Download-Center nach erfolgter Registrierung bereit. Den Freischaltcode finden Sie im Impressum.

ALS MEINE TOCHTER EIN KNOPFFAMILIEN-BILD MIT VOM KINDERGARTEN BRACHTE, WAR ICH RICHTIG STOLZ. UND WIR HABEN JETZT DEN PERFEKTEN FAMILIENPLANER.

SPIEL MIT MIR!

Hampelmänner, Kreisel, Märchenpuzzle … Spielsachen selberzumachen ist oft einfach und mit den eigenen Zeichnungen verschönert werden sie zu bleibenden Kindheitserinnerungen. Oft sind es doch die selbstgemachten Dinge, die uns ein Leben lang begleiten. Aber nicht nur das Endergebnis lässt Kinderaugen erstrahlen, gerade das gemeinsame Basteln und Werkeln bringt allen gute Laune. Das ist wahre quality time!

TAFELPUZZLE

Würfelspiel für Künstler

MATERIAL

- Kantholz, 4 cm × 4 cm × 36 cm
- Tafelfarbe in Schwarz
- Tafelkreide in Weiß, Gelb, Blau, Rot und Grün
- Handsäge
- Schleifpapier, 240er-Körnung
- Pinsel
- Gummiband

1 Sägen Sie neun Holzklötze mit Kantenlänge 4 cm zu.

2 Bearbeiten Sie die Kanten vorsichtig mit dem Schleifpapier. Die Ecken sollten nicht zu rund werden.

3 Streichen Sie die Holzklötze mit der Tafelfarbe von allen Seiten und lassen Sie die Farbe über Nacht trocknen.

4 Um ein gleichmäßiges Ergebnis zu erhalten, sollten Sie alle Seiten ein zweites Mal streichen. Gut trocknen lassen!

5 Nun können die Seiten mit Kreide bemalt werden. Damit die Blöcke beim Bemalen nicht verrutschen, können Sie währenddessen ein Gummiband um die Blöcke spannen.

TIPP

Wenn besonders schöne Motive entstehen, von denen man sich nicht mehr trennen möchte, kann man das Bild einfach mit Klarlackspray fixieren.

WANDELBAR: HOLZWÜRFELPUZZLES SIND EIN KLASSIKER! SO HABEN SIE STÄNDIG NEUE MOTIVE.

THEATER

Auftritt der Pompon-Ballerina

MATERIAL

- Sturmwäscheklammer aus Holz
- Wolle in Weiß, 50 g
- Wolle in Grau, 10 g
- Garnreste in Weiß, Hellblau, und Helllila
- 2 Pappen, 5 cm × 5 cm
- Schere
- Nagelschere
- Acrylfarbe in Schwarz
- feiner Pinsel und Wasser
- 2 Federn in Altrosa, 10 cm lang
- UHU Sekundenkleber
- Sticknadel

1 Malen Sie mit einem feinen Pinsel und Acrylfarbe die Gesichter und die Schuhe der Puppen auf. Lassen Sie diese gut trocknen.

2 Jetzt umwickeln Sie die Brust der Ballerina mit dem weißen Garn und fixieren es am Ende mit einem Knoten.

3 Schneiden Sie zwei Pompon-Schablonen aus den Kartons aus: Der Außenkreis hat einen Durchmesser von 4 cm, der Innenkreis 1,3 cm.

4 Legen Sie die beiden zwei Papp-Schablonen aufeinander und umwickeln Sie diese mit der Wolle. Entweder benutzen Sie eine dicke Sticknadel oder Sie ziehen die Fäden mit den Fingern durch das Loch. Schneller geht es, wenn Sie die Wolle doppelt oder dreifach nehmen.

5 Wenn nur noch ein 0,8 cm Loch übrig ist, stülpen Sie den späteren Rock über die Holzklammer. Ist der Rock positioniert, schneiden Sie mit der spitzen Schere die Wolle am höchsten Punkt ringsherum auf. Schieben Sie einen Wollfaden zwischen die beiden Pappscheiben, eng anziehen und verknoten.

6 Die Pappe aufschneiden, abnehmen und die Wolle zurechtschneiden.

7 Zum Schluss die Federn am Rücken der Puppe mit etwas Sekundenkleber befestigen.

EINE KLEINE VORFÜHRUNG GEFÄLLIG? DAS MODERNE KASPERLETHEATER BEGEISTERT DAS PUBLIKUM MIT SEINER HINREISSENDEN OPTIK. DAS GIBT STANDING OVATIONS! APPLAUS!

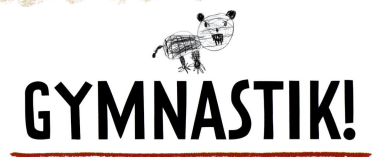

GYMNASTIK!

Sportlicher Hampelmann

MATERIAL

- 2 Kopien einer Kinderzeichnung
- dünner Karton (z.B. von Cornflakesverpackung), mind. A4
- 4 Musterbeutelklammern
- 8 Lochverstärker
- Nähzwirn
- Baker's Twine in Weiß-Rot, 50 cm lang
- Holzperle in Grün, ø 8 mm
- Lochzange
- Schere
- UHU Stic

VORLAGE SEITE 107

1 Farbkopieren Sie die Kinderzeichnung zwei Mal und kleben Sie diese auf die Pappe.

2 Schneiden Sie aus der ersten Kopie den Torso der Figur aus.

3 Aus der zweiten Kopie schneiden Sie die Beine und Arme. Bei den Gliedmaßen ist darauf zu achten, dass man am oberen Ende der Beine eine circa 2 cm lange zusätzliche Lasche stehen lässt, bei den Armen reicht eine 1 cm-Lasche.

4 Mit einer Lochzange stanzen Sie die Arme und Beine jeweils in der Mitte der Rundung. Legen Sie die Arme und Beine an die Schultern und die Hüfte, markieren Sie die Stanzungen und lochen Sie die Markierung mit der Lochzange. Die Löcher sichern Sie auf der Rückseite mit Lochverstärkern.

5 Stecken Sie nun mithilfe der Musterklammern die Figur locker zu zusammen. Ziehen Sie einen Faden hindurch wie auf der Konstruktionszeichnung (siehe Seite 107) angezeigt.

6 Verbinden Sie nun beide Fäden in der Mitte mit einer Schnur und binden Sie an das Ende eine Perle.

SO EIN STRAMPELNDER AEROBIC-TIGER IST SCHON EIN FEINES SPIELZEUG. DIE ZEITLOSE IDEE FASZINIERT ALLE GENERATIONEN – UND LÄSST SICH PRIMA VERSCHENKEN!

DERWISCH

Bunte Kreisel

MATERIAL

- Buntstiftrest
- Kinderzeichnung
- Buntpapierreste
- Moosgummi, 1,5 cm × 2 cm
- doppelseitiges Klebeband, 2 mm breit
- Klebefilm
- UHU Alleskleber
- Pinsel
- Klarlack

1 Vom Moosgummi einen ca. 2 cm breiten und 1,5 cm langen Streifen abschneiden, einmal straff um den Stift wickeln und mit dem Klebefilm befestigen.

2 Schneiden Sie aus den alten Zeichnungen und Buntpapierresten viele 2 cm breite Streifen und legen Sie diese griffbereit.

3 Nun kleben Sie sorgfältig das doppelseitige Klebeband auf die Papierstreifenrückseite, ziehen die Schutzfolie ab und kleben es dann um den Moosgummistreifen. Wickeln Sie den Streifen dabei um die Achse, bis aus dem Ganzen ein wohlgeformter Kreisel entstanden ist.

4 Damit die Papierrolle etwas stabiler wird, empfiehlt es sich, die Rolle mit Klarlack zu fixieren. Lassen Sie nun den Malkreisel auf weißem Papier tanzen.

WIKINGERSCHACH

Nordmann-Angriff!

MATERIAL

- Kantholz, 7 cm × 7 cm × 150 cm
- Kantholz, 9 cm × 9 cm × 30 cm
- 2 Besenstiele, ø 2,4 cm, 130 cm lang
- Rundholzstab, ø 1,8 cm, 120 cm lang
- Pastellkreide in Schwarz, Grau, Rot, Orange, Grün, Blau, Weiß und Hautfarbe
- Handsäge
- Bleistift
- Zollstock
- Schleifpapier, 120er-Körnung
- Schnitzmesser
- Rundfeile
- Klarlack
- Pinsel

VORLAGE SEITE 109

HINWEIS

Schnitzen: Arbeiten Sie im Sitzen und führen Sie die Klinge vom Körper weg.

1 Besorgen Sie die Rund- und Kanthölzer im Baumarkt. Zeichnen Sie die Längen an und sägen Sie mit der Handsäge alle Einzelteile zu. Sie benötigen zehn Holzklötze (7 cm × 7 cm × 15 cm), sechs Rundholzstäbe (ø 2,4 cm, 30 cm lang) sowie vier Begrenzungspfähle (ø 1,8 cm, 30 cm lang). Brechen Sie die Kanten mit der Feile und glätten Sie sie abschließend mit dem Schleifpapier.

2 Schnitzen Sie an die Grenzhölzchen mit dem Schnitzmesser eine Spitze. Bearbeiten Sie die Spitze mit der Feile und dem Schleifpapier bis sie schön rund ist.

3 Dem König bei etwa 8 cm, ringsherum mit der Säge eine Kerbe einsägen. Für seine Krone mit der Feile oben zwei Vertiefungen feilen.

4 Lassen Sie Ihr Kind die Holzfiguren mit den Pastellkreiden mit Wikinger- oder Märchenmotiven bemalen.

5 Zum Schutz vor Schmutz und Feuchtigkeit die einzelnen Spielfiguren mit Klarlack streichen und 24 Stunden trocknen lassen.

SPIELREGELN
WIKINGERSCHACH

Spielfeld aufstellen: Zunächst wird das 8 m × 5 m große Spielfeld mit den vier angespitzten Eckpflöcken abgesteckt. Das Spielfeld sollte eine Wiese oder ein Sandplatz sein. Die zehn kleinen Holzfiguren werden in gleichmäßigem Abstand auf den beiden Grundlinien verteilt. Jede Mannschaft erhält also fünf Spielfiguren. Der König wird in der Mitte der Mittellinie aufgestellt. Da der Beginner einen großen Vorteil hat, wird er ausgelost.

Spielbeginn: Die Spieler der ersten Gruppe stellen sich auf ihre Grundlinie und versuchen, mit den sechs Wurfhölzern die Spielfiguren der gegnerischen Mannschaft umzuwerfen. Dabei soll das Wurfholz mit einer Armbewegung von unten nach oben geworfen werden (nicht erlaubt sind Würfe, bei denen das Holz quer gehalten oder rotierend geworfen wird). Wenn die erste Gruppe alle sechs Wurfhölzer geworfen hat, muss die zweite Gruppe die getroffenen Figuren dem Gegner überlassen.

Achtung! Solange noch „Bauern" des Gegners stehen, darf der König nicht umgeworfen werden. Wird er dennoch umgestoßen, verliert die Mannschaft mit dem Fehlwurf.

Geiseln überlassen: Die getroffenen Spielfiguren werden in die Spielhälfte der ersten Gruppe geworfen und dort senkrecht aufgestellt. Wird eine Figur nicht in das gegnerische Feld geworfen, sondern landet außerhalb, darf die gegnerische Mannschaft diese Figur in der eigenen Spielfeldhälfte aufstellen, wo sie es möchte (Aber minimal eine Wurfholzlänge vom König oder von der Spielfeldbegrenzung entfernt). Das Spiel geht danach wechselseitig weiter.

Sieger: Gewonnen hat die Gruppe, die alle Figuren des Gegners umgeworfen hat. Dann wird anschließend der König von der Grundlinie aus unter Beschuss genommen. Kann die Mannschaft auch den König zu Fall bringen, hat sie gewonnen.

VORLAGEN

Schaukasten
Seite 74

Schiffchen falten

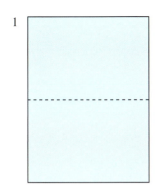

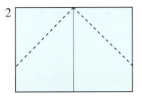

2 Die beiden oberen Ecken diagonal zur Mitte falten.

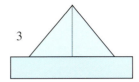

3 Der untere Rand wird jeweils vorn und hinten nach oben geklappt und an den Ecken so eingeknickt, dass ein Dreieck entsteht.

1 Ein A5 oder A6 Blatt einmal in der Mitte nach unten falten.

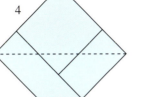

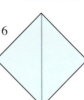

5 Die unteren Spitzen jeweils hinten und vorn nach oben falten.

4 An der unteren Öffnung die Seitenteile auseinander ziehen und falten.

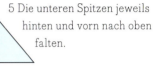

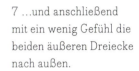

6 Ziehen Sie dieses Dreieck wieder zu einem Viereck auseinander…

7 …und anschließend mit ein wenig Gefühl die beiden äußeren Dreiecke nach außen.

Ahnengalerie
Seite 68

Rahmen nach belieben vergrößern

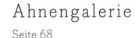

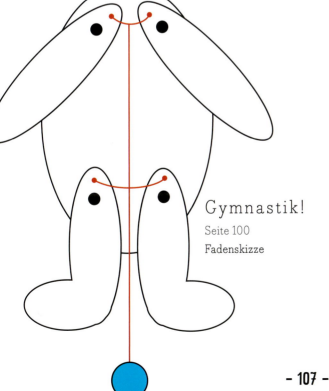

Gymnastik!
Seite 100
Fadenskizze

- 107 -

Alphabet
Seite 72

A B C D
E F G H
I J K L
M N O

- 108 -

P Q R S
T U V
W X Y
Z

Wikingerschach
Seite 103

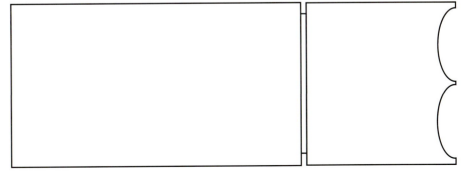

Meermaid

Seite 16   Bitte auf 400% vergrößern.

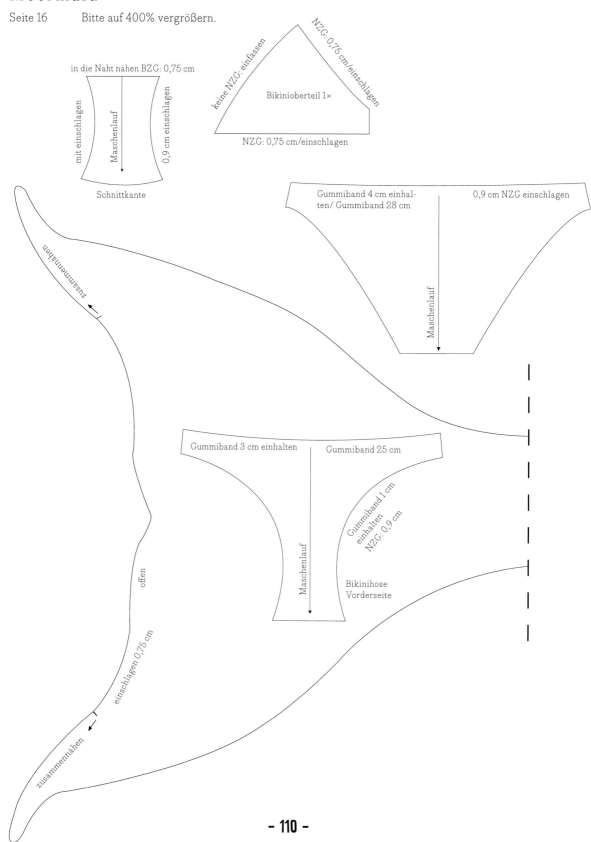

- 110 -

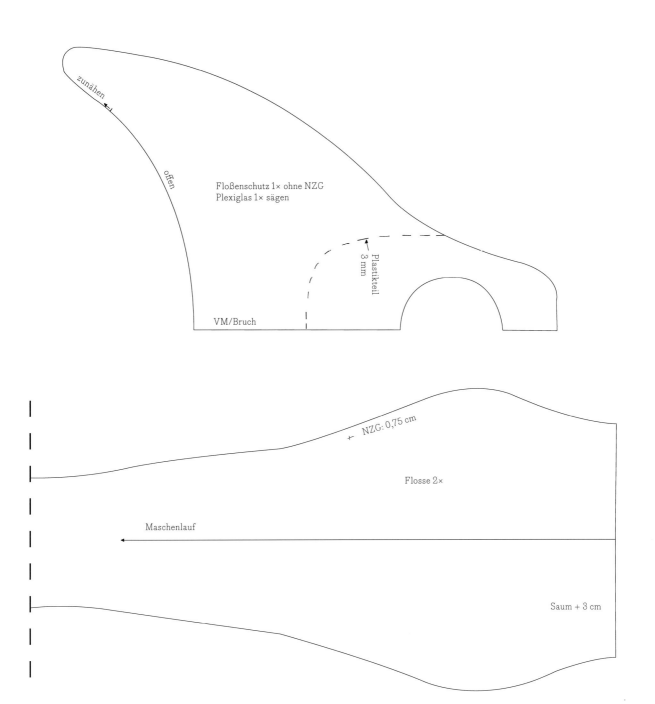

DIE AUTORIN

Stephanie Herrmann, geboren 1978, studierte Grafik-Design und Produktdesign. Sie arbeitet im Marketing eines internationalen Unternehmens. Ihre zwei Töchter schaffen es immer wieder, ihre Kreativität herauszufordern und sie für neue Projekte zu inspirieren. Heute lebt sie mit ihrer Familie ländlich in der Nähe von Esslingen.

DANKE

Wir danken den Models Tobias, Anouk, Fanny-Mae, Charlie, Lena-Sophie, Raphael, Luis, Mats, Tom, Jenny, Emma, Leni, Sirius, Constanze, Jan, Daniela, Oma Heidi und Opa Heinz.

Ich danke den Firmen Rayher (Laupheim) und Staedtler (Nürnberg) für die großzügige Unterstützung mit Material.

Download-Code zum Freischalten der Vorlagen: 16360

SERVICEGARANTIE

Bei Fragen zu einzelnen Materialien oder Techniken wenden Sie sich bitte an unseren Kreativservice, Frau Erika Noll.

mail@kreativ-service.info
Telefon 0 50 52 / 91 18 58
(normale Telefongebühr)

IMPRESSUM

FOTOS: frechverlag GmbH, 70499 Stuttgart; lichtpunkt, Michael Ruder, Stuttgart
PRODUKTMANAGEMENT UND LEKTORAT: Anja Detzel
LAYOUT UND SATZ: Sophia Höpfner
DRUCK: APPL, Wemding

Materialangaben und Arbeitshinweise in diesem Buch wurden von der Autorin und den Mitarbeitern des Verlags sorgfältig geprüft. Eine Garantie wird jedoch nicht übernommen. Autorin und Verlag können für eventuell auftretende Fehler oder Schäden nicht haftbar gemacht werden. Das Werk und die darin gezeigten Modelle sind urheberrechtlich geschützt. Die Vervielfältigung und Verbreitung ist, außer für private, nicht kommerzielle Zwecke, untersagt und wird zivil- und strafrechtlich verfolgt. Dies gilt insbesondere für eine Verbreitung des Werkes durch Fotokopien, Film, Funk und Fernsehen, elektronische Medien und Internet sowie für eine gewerbliche Nutzung der gezeigten Modelle. Bei Verwendung im Unterricht und in Kursen ist auf dieses Buch hinzuweisen.

1. Auflage 2016
© 2016 frechverlag GmbH, Turbinenstraße 7, 70499 Stuttgart
ISBN 978-3-7724-7563-4 • Best.-Nr. 7563   PRINTED IN GERMANY